ONE MINUTE, ONE ACTION IN THE MORNING
WILL CHANG YOUR WHOLE LIFE.
::

"MAIASA 1PUN DE JINSEI WA KAWARU"
Copyright ⓒ 2008 by Hiroyuki Miyake
All rights reserved.

No part of this book may be used or reproduced in any manner
whatever without written permission except in the case of brief quotations
embodied in critical articles or reviews.

Original Japanese edition published by Sunmark Publishing, Inc., Japan
Korean translation copyright ⓒ 2013 by SAMJISA
This edition is published by arrangement with Sunmark Publishing, Inc.
through InterRights, Inc., Tokyo & BC Agency, Seoul

이 책의 한국어 판 저작권은 BC 에이전시를 통한
저작권자와의 독점 계약으로 삼지사에 있습니다. 저작권법에 의해
한국 내에서 보호를 받는 저작물이므로 무단전재와 복제를 금합니다.

인생 성공 의욕을 키우는 마법의 습관

::

인생이 달라지는 매일 아침 1분 습관

"아침 1분이 변하면 하루가 달라진다.
1분 동안 가능한 작은 행동이 인생을 바꾸기도 하는 것이다.
좋은 하루가 차곡차곡 쌓이면 당신의 인생이 달라진다."

CONTENTS

제1장 change   매일 아침의 작은 변화가 하루를 바꾼다

의욕적인 하루를 낳는 8가지 질문 020

아침저녁 목표를 소리 내 말하면 꿈이 이루어진다 024

1분 만에 의욕의 엔진에 불을 붙이는 방법 029

매일의 작은 첫 경험이 인생의 큰 경험이 된다 031

5분의 몰입과 10분의 사고 036

One Person, One Action으로 인생을 이어간다 040

바쁘다는 말은 하지 않는다 044

기필코 해야 하는 상황에 자신을 몰아넣는다 047

제2장 challenge 매일 조금씩 나아지기 위해 작은 모험에 도전한다

One Book, Three Points, One Action의 독서 054

매월 28개의 물건을 버려 일상을 여유롭게 만든다 057

준비되지 않았어도 뛰어든다 060

주저할 때의 판단 기준은 '어떤 모습의 내가 좋은가' 063

망설여진다면 뛰어들고, 뛰어들었다면 돌파하라 065

회사를 그만두고 싶다면 일단 회사를 쉬어본다 070

활력을 불어넣어 줄수록 활력으로 채워진다 073

행동을 목적으로 하면 두려울 것이 없다 076

공포심과 불안감을 이용한다 078

두렵다면 GO! 081

작은 행동이라도 '지금' 실천할 수 있는 기부의 첫걸음 084

CONTENTS

제3장 continue 성장의 꽃을 피우는 좋은 모습으로 살아가고 있는가

습관화는 아침 시간이 유리하다 090

일찍 일어나기 위한 특효약은 '굿모닝 메일' 094

계속할 수 있는 비결은 과정을 목표로 하는 것이다 098

성장의 꽃을 피우는 작은 습관의 힘 103

여유로운 다짐으로 이겨나간다 106

목표를 달성하기 위한 나만의 규칙 109

목표에 이르는 과정을 즐긴다 113

스톱워치를 사용하여 공부의 '선수'가 된다 116

슬럼프는 성장 직전에 오는 법이다 119

기초를 철저히 할 때 압도적인 차이를 낳는다 121

앞으로 1분, 도전해보라 125

세상의 끝에서도 인간은 고독하지 않다 127

제4장 write 쓰는 습관으로 성장을 발견하고 인생을 탐구하자

작심삼일로 끝나지 않는 일기 작성법 134

자신의 성장을 발견하는 '직장일기' 138

우울한 기분을 말끔히 털어내는 일기 활용법 143

타인을 위해서 먼저 내 자신을 소중하게 148

금연 선언문을 소리 내 읽으면 담배를 끊는다 153

무언가를 그만두면 무언가를 새로 얻는다 158

노력과 결과는 인생 최고의 향신료 161

과정은 반성하고 결과는 긍정한다 165

세상에 받은 도움을 되새겨본다 168

프롤로그 010
에필로그 174
오늘부터 실천할 수 있는 의욕의 씨앗 뿌리기 행동 리스트 178

PROLOG

지금까지 3천 명이 넘는 사람들에게 비즈니스 코칭, 멘탈 트레이닝, 커리어 디자인에 대하여 카운슬링하고 영어회화나 자격시험에 대한 학습지도를 해왔다. 취업활동에 있어 조금이라도 도움이 될 만한 조언을 청하는 학생, 전직할지 말지를 놓고 고민하는 직장인, 현재 자신이 놓여 있는 상황은 좋지도 않고 그렇다고 나쁘지도 않지만 미래에 대한 막연한 불안을 끌어안고 있는 사회인, 영어회화나 자격취득을 위한 공부법에 관해 코칭을 받고자 찾아온 사람들, 그밖에도 다양한 상황에 놓여 있는 사람들과 만나왔다. 그리고 한 사람, 한 사람, 그들의 과거·현재·미래와 대면하고 최고의 결과를 창출하기 위하여 이인삼각으로 오랜 시간에 걸쳐 지도했다.

그들과 마주앉아서 어떻게 하면 납득할 만한 인생을 살아갈 수 있는지, 어떻게 하면 미래의 목표가 보일지, 어떻게 하면 높은 동기부여로 행동을 지속시킬 수 있을지에 대하여 함께 진지하게 고민하고 조언하는 동안에 그 문제들의 답을 찾을 수 있었다.

  그것은 작은 계기와 꾸준히 지속적으로 행동하기 위한 시스템 만들기의 중요성에 있었다.

  사람에 따라서는 너무도 간단히 미래의 목표를 정하고, 그를 실현하기 위한 계획을 세우고, 강한 의지로 계획을 착실히 실행에 옮겨 목표에 다다른다. 하지만 이렇듯 목표까지 일사천리로 내달려 꿈을 실현시키는 사람은 결코 많지 않다.

어린 시절부터 충분히 성공체험을 겪어온 사람, 주위 사람들로부터 많은 사랑을 받고 자란 탓에 자신감이 충만한 사람은 목표를 향해 질주할 힘을 스스로 가지고 있다. 반대로 모진 환경에서 성장한 탓으로 강철 같은 헝그리 정신을 갖고 있는 사람도 마찬가지다.

그러나 대부분의 많은 사람들은 현재 상황에서 벗어날 자신감이 없기 때문에 제자리에서 안절부절 불안감을 끌어안은 채 한 걸음도 내딛지 못하고 있다. 그런 까닭에 진심으로 가슴 설레는 꿈을 그려보지도 못하고 설령 계획을 세웠다 해도 실제도 행동으로 옮기지 못한다. 비록 천신만고 끝에 몸소 실행에 옮겼다 해도 그것은 도중에 좌절하고 만다.

흔히 사람들은 의욕이나 동기를 어디까지나 의식의 문제라 인식한다. 하지만 실상은 좀 다르다. 물론 의식과 무관하지는 않지만, 실제로 의식 그 자체를 바꾸려 해도 현실적으로 그것은 매우 어려운 것이 사실이다.

그렇다면 어떻게 해야 할까?

해결 방법으로 몇 가지를 꼽을 수 있는데, 그 중에서 가장 효과적인 방법은 앞에서 말한 작은 계기로 행동을 낳고 그것으로 의식을 바꿔가는 것이다. 동기를 높인 뒤에 행동하는 것이 아니라, 행동함으로써 동기를 높이는 것이다. 통상의 흐름과는 정반대다. 웃음 띤 얼굴로 노래를 부르면 서서히 마음이 밝아지는 원리와 같다. 먼저 행동한다. 그로 인해 의욕이 고취된다.

행동을 낳는 계기는 거창하지 않아도 된다. 정말이지 작은 것으로 충분하다. 웃는 얼굴로 노래 부르기, 평소보다 1분 일찍 일어나기, 관계가 썩 좋지 않은 상사에게 미소로 인사하기……, 이런 정도의 것으로 충분하다.

이런 행동은 사소하지만 그 행동에 의해 얻어지는 작은 자신감은 다음에 있을 큰 변화로 나아가는 동기가 된다. 행동의 선순환이 가동하기 시작하면, 비탈길을 구르는 작은 돌멩이가 언젠가 큰 바위를 움직이듯 인생이 좋은 방향으로 흘러가는 것이다.

예를 들어, 최근 이직하는 데 성공한 어떤 사람의 작은 행동은 업무 일정표를 깨끗하게 작성하는 것이었다. 얼핏 보기에는 전혀 상관없어 보이는 행동이라 생각하지만, 결코 그렇지 않다.

그는 현재 맡고 있는 업무에 대하여 그다지 불만은 없었다고 한다. 하지만 미래가 불투명하고 자신이 과연 어떤 일을 하길 원하는지 알 수 없었다고 한다. 이런 상황에 놓여 있는 사람은 사실 한둘이 아니다. 현재 자신이 맡은 업무에 열중하지 않기(현재라는 시간을 열성적으로 살지 않는다) 때문에, 미래의 자신에 대해서도 기대나 자신감을 가지지 못하는 상태다. 따라서 비전을 그릴 수 없다.

이럴 때는 먼저 현재 맡은 업무에 온 힘을 다해 매진하든가, 마음 굳게 먹고 용기 내 일에서 완전히 손을 떼 자기 자신을 궁지에 몰아놓든가, 어느 한쪽을 선택해야 한다.

그 사람은 전자를 선택했다. 다시 한 번 진지하게 현재 자신이 하고 있는 일을 되돌아보고, 성의와 열정을 가지고 몰두하는 첫걸음으로 일정표 작성부터 새롭게 다짐했던 것이다.

그는 예전부터 다이어리에 한 쪽 분량을 할애하여 그날의 일정을 매일 기입했지만, 그 기입 방법은 매우 지저분했다. 글자도 괴발개발 적어 넣었고, 끝마친 업무는 적당히 선을 그어 체크했다. 그래서 다이어리 기입 방법부터 개선하기로 했다.

지금까지 아무렇게 적던 일정을 항목 쓰기로 나누고, 각 항목마다 앞부분에 체크박스를 그렸다. 지나친가 싶을 정도로 신경 쓴 탓인지 보기에는 깔끔하게 잘 정돈되어 보였다. 그리고 업무가 끝날 때마다 정성스럽고 깔끔하게 체크를 해나갔다.

단지 이것뿐이었다. 매일 아침 1분. 작은 행동이 씨앗이 되어 의욕을 키웠다. 그저 아무것도 아닌 사소한 행동이 계기가 되어 업무에 대한 의식이 180도 달라졌다. 성실함을 낳고 계획성이 높아졌다. 업무를 처리하는 속도도 빨라지고 회사 안팎의 사람들과도 진실한 마음으로 대하게 되었다.

그는 그 후 새로운 인생을 위한 목표를 세웠다. 그리고 장차 자신이 하고자 하는 일을 위해 외국에 있는 대학원으로 유학 갈 것을 검토하기 시작했다. 마침 그때, 유학을 마치고 돌아온 뒤에 일하고 싶은 회사로부터 스카우트 제의를 받았다. 그리고 망설임 끝에 전직을 결심했던 것이다.

그는 지금도 충실하게 업무에 힘을 쏟고 있다. 매일 아침 1분, 일정표에 깔끔하게 체크박스를 그리면서.

고작 1분을 할애하여 깔끔하게 체크박스를 그렸을 뿐이다. 그렇지만 그 행동이 의식을 바꿨고, 다음의 행동을 낳았다. 그 선순환이 자신감을 낳고 새로운 목표와 비전을 제시하고 그것을 이루기 위한 행동으로 이어졌다.

작은 행동 → 의식의 변화(의욕) → 다음의 행동 → 자신감 → 새로운 비전 → 그 다음의 행동을 낳은 선순환의 좋은 사례다.

작은 행동은 선순환을 돌리기 위하여 페달을 힘껏 밟는 일이다. 고작 1분 내에 끝낼 수 있는 사소한 행동이 계기가 되어 자연스럽게 새로운 습관(일찍 일어나서 공부하기 등)을 갖거나 새로운 목표를 발견하고, 다음 단계로 도전할 의욕으로 이어지는 것이다.

하자는 생각만 가지고 좀처럼 실행에 옮기지 못하는 경우란, 대개 페달을 힘껏 밟는 부분이 결여된 채 느닷없이 의욕에서 행동을 이끌어내려고 하기 때문이다. 이 경우는 쉽게 좌절한다.

자전거를 탈 때 뒤에서 살며시 밀어주면 힘을 받듯이 인생이 좋은 방향으로 흘러가도록 도와주는 선순환을 만들기 위해서라도 계기를 주는 작은 행동은 중요하다.

그렇다면 어떤 행동을 어떤 식으로 시작하면 좋을까? 나아가 그 행동은 어떻게 지속시키면 좋을까?

이 책은 그 구체적인 방법에 대하여 소개하고 있다.

제1장과 제2장에서는 선순환의 계기가 되는 작은 행동에 초점을 맞추고, 제3장과 제4장에서는 행동을 이어가기 위한 요령에 대하여 설명한다.

가급적 매일 아침 1분, 간단히 할 수 있는 것을 중심으로 소개할 생각이다. 왜냐하면, 아침 시간의 행동은 그날 전체의 생활에 지대한 영향을 미치기 때문이다. 비타민제를 먹는 데 걸리는 시간은 1분이라도 그 약효는 종일 지속되는 것과 같다.

반드시 해야만 하는 것은 아니다. 하지만 아침 1분이 변하면 하루가 달라진다. 1분 동안 가능한 작은 행동이 인생을 바꾸기도 하는 것이다. 좋은 하루가 차곡차곡 쌓이면 당신의 인생이 달라진다.

당신은 이 책을 집어든 '작은 행동'을 통하여 그 힌트와 계기를 얻게 될 것이라 나는 믿어 의심치 않는다.

제 1 장

CHANGE

매일 아침의 작은 변화가
하루를 바꾼다

CHANGE 1
의욕적인 하루를 낳는 8가지 질문

누구에게나 저절로 의욕이 샘솟는 날과 아무리 애를 써도 만사가 귀찮은 날이 있기 마련이다.

이 차이는 과연 어디서 생겨나는 것일까?

그 원인으로 그날의 컨디션, 업무량, 날씨 등 여러 가지 요소를 꼽을 수 있겠지만, 특히 아침의 사고회로가 가장 큰 영향을 미친다. 아침 기분이 의욕적이면 기분 좋게 하루를 시작할 수 있을 뿐 아니라, 그날 종일 적극적인 자세로 별 문제없이 순조롭게 지낼 수 있다.

현재 나는 매일 아침마다 상쾌한 아침을 맞이하기 위한 작은 행동으로 아침 질문을 실천하고 있다.

아침 질문이란, 다음 페이지(22쪽)의 8가지 질문을 가리킨다. 매일 아침, 잠에서 깨자마자 8가지 질문을 소리 내 읽으며 자신에게 자문한다. 이 질문은 미국의 리더십 전문가 앤서니 라빈스의 《Personal Power 2》라는 CD 교재에서 소개된 것을 변형한 것이다.

일단 Q1부터 Q8까지의 질문에 답해보자. 마음이 점차 의욕적으로 변해가는 것을 느낄 수 있을 것이다.

인간의 모든 사고는 Q & A로 성립된다고 한다. 머릿속에서 무의식중에 자신에게 질문을 던지고 그에 대하여 답한다. 이렇듯 우리는 Q & A를 반복함으로써 사고를 형성해가는 것이다.

질문의 질에 따라서 답의 질도 달라진다.

예를 들어 '최근 어떤 힘든 일이 있었는가?'라는 질문을 했다고 가정해보자. 이 질문에 대한 답을 찾기 위해 우리의 뇌는 '힘든 일'에 초점을 맞춘다.

반대로 '최근 어떤 즐거운 일이 있었는가?'라는 질문을 던지면 뇌는 '즐거운 일'에 초점을 맞춘다. 자신에게 던지는 질문을 달리함으로써 사고의 방향과 기분을 바꿀 수 있는 것이다.

따라서 사고의 초점이 좋은 쪽으로 맞출 수 있는 질문을 매일 아침 자신에게 던지면 우리의 사고는 저절로 좋은 방향으로 향하고 그 상태에서 하루를 시작할 수 있다.

내가 실천하는 아침 질문은 대답하는 데 그치지 않고 Feel it!(느껴보라)이라는 문구도 덧붙이고 있다. 이것은 머릿속에서 긍정적인 대답을 이끌어 내 자신의 몸과 잠재의식 깊이 침투시키기 위해서다. 진지하게 답을 구하려 애쓸 필요는 없다. 8가지 질문을 1분 안에 간단히 답해도 상관없다.

아침 질문의 본래 목적은 하루를 시작하는 아침 시간의 기분을 긍정적으로 만드는 데 있기 때문이다.

나는 아침 질문을 종이에 적어 화장실 벽에 붙여두었다.

아침잠에서 깨어 가장 먼저 화장실에 갔을 때, 자연스럽게 보고 읽을 수 있도록 말이다. 화장실에 다녀온 뒤엔 이미 그날 하루를 활기차게 시작할 의욕의 엔진에 시동이 걸린다.

아침 질문을 읽고 답하는 것으로 '의욕적인 하루'가 시작된다.

〈아침 질문〉

Q1. What am I happy about in my life now? And feel it!

(지금 무엇에 행복을 느끼는가? 그것을 느껴보라.)

Q2. What am I excited about in my life now? Feel it!

(지금 무엇에 가슴이 두근거리는가? 그것을 느껴보라.)

Q3. What am I proud about in my life now? Feel it!

(지금 무엇에 자긍심을 느끼는가? 그것을 느껴보라.)

Q4. What am I grateful about in my life now? Feel it!

(지금 무엇에 감사하는가? 그것을 느껴보라.)

Q5. What am I enjoying most in my life now? Feel it!

(지금 무엇을 즐기는가? 그것을 느껴보라.)

Q6. What am I committed to in my life now? Feel it!

(지금 무엇을 기필코 이루려 하는가? 그것을 느껴보라.)

Q7. Who do I love? Who loves me? Feel it!

(지금 누구를 사랑하는가? 누가 나를 사랑하는가? 그것을 느껴보라.)

Q8. To whom and how can I contribute today? Enjoy it!

(오늘 누구를 어떻게 도울 것인가? 그것을 즐겨보라.)

 오늘부터 실천할 수 있는 의욕의 씨앗 뿌리기

8가지 아침 질문이 적힌 종이를 화장실에 붙인다. 〈1분〉

CHANGE 2
아침저녁 목표를 소리 내 말하면 꿈이 이루어진다

아침을 기분 좋게 시작하는 또 다른 방법은 목표를 소리 내 말하는 것이다.

나날의 잡다한 일에 쫓기다 보면 불현듯 꿈도 목표도 잊은 채 허둥지둥 살고 있는 자신의 모습을 보게 될 때가 있다.

나 자신도 눈앞에 쌓여 있는 업무를 바삐 처리하는 데 정신이 팔려 하루라는 시간을 순식간에 흘려보내고는 한다. 그렇지만 눈앞에 쌓여 있는 업무에만 사로잡혀 있으면 영원히 장기적인 인생의 꿈이나 목표를 이룰 수 없다.

그래서 나는 '사명과 비전'이라 이름 붙인 메모지를 활용하고 있다. 이것은 매일 해야 하는 일과 각각에 걸리는 시간, 올해 목표, 이달의 목표, 중장기 계획, 자신에 대한 맹세, 가치관, 자기암시 문구 등을 한 장의 종이에 정리한 것이다.

나는 이 모든 사항을 한 달 한 달 새롭게 작성하여 서류파일에 넣어 항상 지니고 다닌다. 한눈에 볼 수 있도록 표로 작성하는 행위만으로도 충분히 꿈과 목표를 자각하는 데 큰 영향을 미친다.

더불어 여기에 적어둔 매일 해야 하는 일도 체크박스를 통해 꼼꼼히 확인하고, 아침저녁 소리 내 읽고 있다. 왜냐하면 사람은 막 잠에서 깨어난 아침과 잠자리에 들기 전 밤 시간에는 뇌에서 α 파가 나와 어느 때보다 쉽게 잠재의식에 접근할 수 있는 상태가 되기 때문이다.

아침저녁 소리 내 읽는 작은 행동을 통해 잠재의식이 작용하여 저절로 목표달성을 향해 행동하게 되는 것이다.

사명과 비전이 있는 일정표와 다른 점은 구체적인 목표와 계획뿐 아니라, 자기암시 문구, 가치관을 추가적으로 적는다는 데 있다.

자기암시 문구란, 나는 이렇게 되고 싶다는 이상적인 자신의 모습을 적은 것이다. 기본적으로는 자신이 세상에 미치는 영향(어떤 공헌을 할 것인가 doing)과 원하는 자신의 이상적인 모습(being)이 한 세트가 되어 '나는 ~하는 □□다'라는 표현이 가능하다.

나의 자기암시 문구 중에는 '나는 이 세상의 모든 관계에 빛을 주고 연결하는 그물코 같은 사람이다 I am the Web-maker shining the spiritual web in the whole universe'가 있다. 얼핏 감이 잡히지 않는 표현일지 모르지만 자기 자신에게 와 닿는 문구라면 다른 사람이 다소 이해하기 어려운 것일지라도 문제 되지 않는다.

● 사명과 비전 시트

	매일 해야 하는 일들(일요일 제외)	분	1 금	2 토	3 일	4 월	……	28 수	29 목	30 금
아 침	6시 20분까지 기상	1					……			
	심호흡(명상)	1					……			
	목표, 소리 내 읽기(사명과 비전 시트)	1					……			
	오늘의 예정/목표	2					……			
	조깅과 자전거 타기	30					……			
	어제의 일 체크	5					……			
	외서 읽기	30					……			
	영어로 혼잣말하기	5					……			
	중국어로 혼잣말하기	5					……			
밤	일기(사생활 & 일)	3					……			
	내일의 예정	1					……			
	책상 정리	1					……			
	목표, 소리 내 읽기	1					……			
	독서 1권	30					……			
	○○○○○	1					……			
	심호흡(명상)	1					……			

◆ 이상적인 가치관

모든 사물·일·사건을 애정을 갖고 대한다. 주저하면 뛰어든다. 뛰어들었다면 해낸다. 위압감 없는 엄격함을 갖도록 한다.
○○○○○○
○○○○○○

◆ 오늘의 목표
마음 ○○○○○○
기량 ○○○○○○
신체 ○○○○○○
기타 ○○○○○○

◆ 중장기 계획
40세까지
　중국 진출
　영어권 진출
　○○○○○○

◆ 중장기 계획
50세까지
　○○○○○○
　○○○○○○
　○○○○○○

◆ 올해의 목표

마음 : 인세와 회사 이익의 모금
　　○○○○○
기량 : 마크로비오틱 망진법
　　○○○○○
신체 : 자전거 통근 지속하기
　　○○○○○

◆ 맹세
죽어도 깨지지 않는다.
최대 3개까지

매일 5분간 영어와 중국어로
혼잣말을 한다(일요일은 제외)
　　○○○○○
　　○○○○○

◆ 좋은 습관들(기죽지 않는다. 깨지 않는다. 만일 깨져도 곧 다시 시작한다)

처음 누군가를 만나면 그가 행복하길 진심으로 기도한다. 주저하면 엄격해진다. 아침저녁 소리 내 읽기와 외국어로 혼잣말하기만큼은 무슨 일이 있어도 실천한다. 여행 중에도 매일 한 권의 책을 읽는다. 외서는 이틀에 한 권. 다 읽은 책은 그날 중 밑줄을 긋고, 다음날 아침 밑줄 친 부분만 다시 읽는다. 취침 3시간 전에 식사를 마친다. 명함을 받으면 그날 중에 이메일을 보낸다. 주요인물을 만나러 간다.
　　○○○○○
　　○○○○○

◆ Morning Question

Q1. 지금 무엇에 행복을 느끼는가? 그것을 느껴보라.
Q2. 지금 무엇에 가슴이 두근거리는가? 그것을 느껴보라.
Q3. 지금 무엇에 자긍심을 느끼는가? 그것을 느껴보라.
Q4. 지금 무엇에 감사하는가? 그것을 느껴보라.
Q5. 지금 무엇을 즐기는가? 그것을 느껴보라.
Q6. 지금 무엇을 기필코 이루려 하는가? 그것을 느껴보라.
Q7. 지금 누구를 사랑하는가? 누가 나를 사랑하는가? 그것을 느껴보라.
Q8. 오늘 누구를 어떻게 도울 것인가? 그것을 즐겨보라.

'나는 주위 사람들에게 활력을 선사하는 태양이다'라는 문구도 좋고, '나는 사람들의 성장에 도움을 주는 온정이 넘치는 따끈한 밥이다'라는 문구도 문제 될 게 없다.

문구를 읽고 본인이 절실하게 그 의미를 이해하고 있다면 그것으로 충분하다.

더불어 나의 자기암시 문구 중 '나는 매일 모든 면에서 향상하고 있다 Everyday, in every way, I'm getting better and better'는 자기암시의 창시자로 일컬어지는 에밀 쿠에의 말을 활용한 것이다.

또 한 가지, 여기서 말하는 가치관이란 자신이 최고로 여기는 가치관을 말한다.

이러한 자기암시 문구나 가치관을 매일 아침 소리 내 읽으면 잠재의식 속에 깊이 파고들어 무의식중에 꿈에 그리던 자신의 모습에 점차 다가가게 된다.

예를 들어 올해의 목표로'매상 □□ 달성. 이익률 □□퍼센트 향상'이라는 목표를 설정했다고 가정해보자.

1년 뒤에 목표하던 숫자를 달성하였다고 해도 그때 자신의 모습과 머릿속에 그리던 자신의 모습 사이에 차이가 크다면 뭐라 형용할 수 없는 공허함에 휩싸일 수밖에 없을 것이다.

바꿔 말해 자신이 그리던 이상적인 모습으로 살아가는 것은 행복이라는 측면에서 때로는 목표달성보다 중요하다.

그렇기 때문에 이상적인 자신의 모습까지도 머릿속에 그리는 것이 중요하다.

자기암시에 의하여 자기인식이 달라지면, 저절로 행동도 행동의 선택도 변한다. 그리고 목표달성을 위한 행동 하나하나가 질적으로 달라진다.

 오늘부터 실천할 수 있는 의욕의 씨앗 뿌리기
목표를 아침저녁 소리 내 읽는다. 〈1분〉

CHANGE 3
1분 만에 의욕의 엔진에 불을 붙이는 방법

"좀처럼 의욕이 생기지 않는 데 어쩌면 좋을까요?"

나는 종종 영어학원에 다니는 학생이나 학습 코칭을 받는 사람에게 이런 질문을 받는다.

그때 대개 나는 이렇게 대답한다.

"일단 1분 동안이라도 온 힘을 다해 해보는 것이 어떨까요? 1분간 진지하게 몰두했다면 그날은 자기 자신에게 '됐다'고 하는 겁니다."

예를 들어, 영어를 공부하는 사람은 새로운 단어 하나를 암기한다. 참고서를 펼쳐 읽는 것도 좋다. 지금까지 학습내용을 적어둔 노트를 읽기만 해도 충분하다. 여하튼 이런저런 것들을 생각하기에 앞서 단 1분 동안 책상에 앉아본다.

논문이나 보고서를 작성할 때도 일단 첫 줄을 적는다. 첫머리에 오는 문장이 아니라도 좋다. 어딘가에 적당히 집어넣을 수 있는 단 한 줄의 문장을 일단 컴퓨터 모니터 앞에 앉아서 찍어 넣는다.

이런 작은 행동을 한 1분 뒤, 드물지 않게 의욕의 엔진에 시동이 걸리기도 한다.

1분 동안 진지하게 힘썼다면 거기서 5분, 15분, 30분, 혹은 그 이상 지속하는 것은 결코 어렵지 않은 일이다.

우리는 무심코 '나는 감정이나 의사에 따라 행동한다'고 티끌만한 의심도 없이 굳게 믿는다.

분명 즐겁기 때문에 웃고 슬프기 때문에 눈물을 흘린다. 배가 고파서 밥이 먹고 싶고, 그래서 식사를 한다. 이처럼 평소 자신의 감정이나 의사에 따라 행동하기도 한다.

그러나 실제로는 정반대의 패턴도 얼마든지 있다. 슬플 때 웃으면 조금 마음이 밝아진다. 식욕이 없었지만 한 술 뜨고 보니 입맛이 돈다. 이처럼 일상 속에서도 얼마든지 행동이 감정을 변화시키는 사례를 찾을 수 있다.

의욕이 생기길 바랄 때는 이런 성질을 이용해본다. 먼저 행동함으로써 의욕이 생길 수 있다.

내키지 않는다며 마냥 기다리기만 한다면 영원히 의욕은 생기지 않는다. 그러니 여하튼 1분 동안 해본다. 1분 동안 진지하게 온 힘을 쏟는다. 책상 앞에서 도망치지 말고 '지금' 시작해보자. 행동하면 의욕은 저절로 따라오는 법이다.

 오늘부터 실천할 수 있는 의욕의 씨앗 뿌리기
우선 지금 당장 1분 동안 책상 앞에 앉아본다.〈1분〉

CHANGE 4
매일의 작은 첫 경험이 인생의 큰 경험이 된다

지금 하는 일에는 그럭저럭 만족하고 있다. 불만이 없는 것은 아니지만 직장을 옮길 정도는 아니다. 미래의 목표나 꿈은 명확하지 않다. 과연 나는 이대로 괜찮은 것일까?

누구나 이런 불안에 시달린다.

그러한 시기에는 매일 조금씩 자신에게 변화를 주는 것이 좋다. 어떤 변화라도 상관없다. 일단 아주 사소하고 작은 변화부터 시작한다.

예컨대 늘 텔레비전을 켜놓고 지낸다면 30분쯤 TV를 끄고 책을 읽는다. 한 번 그랬다고 매일 같이 꾸준히 할 필요는 없다.

'일단 오늘만큼은 30분간 TV를 보지 않는다.'

이런 작은 계획이 성공하면 왠지 모르게 자신감이 생긴다. '해냈다'는 성공체험을 맛보았다면 그것으로 충분하다.

혹은 오늘 단 하루 평소와 다른 헤어스타일로 변화를 주자는 계획도 좋다. 이왕 시도하는 변화라면 한껏 용기를 내 대담하게 바꾸는 것도 좋겠지만, 왠지 저항감이 느껴진다면 일단 약간의 변화로도 충분하다. 누군가 새로운 헤어스타일이 잘 어울린다고 말해준다면 그만큼 적극적이 될 것이다. 주위 사람이 아무 말도 해주지 않았다고 해도 문제될 것 없다. '나는 지금 변하고 있다'는 의식을 갖는 것이 목적이기 때문이다.

성큼 한 걸음 내딛을 용기가 없어 제자리에 머물러 있기보다는 비록 작지만 한 걸음이라도 내딛는 것이 낫다.

매일 작은 변화를 시도하고 달성하는 동안에 변하고 하는 자신에 대하여 자신감이 붙는다. 그리고 자신감은 조금씩 더 큰 변화에 도전하는 동기가 되어준다.

작은 변화 → 성공 → 자신감 → 보다 큰 변화 → 성공 → 자신감 → 도전

이러한 선순환이 만들어지는 것이다.

변화는 매너리즘에 빠진 일상에서 벗어나는 일이기도 하다. 따라서 처음에는 다소 지리멸렬한 변화일지라도 시도해본다.

그렇다면 구체적으로 어떤 변화를 줄 것인가?

실제로 내가 실천하고 있는 몇 가지 방법을 소개해보겠다. 하나는 '하루 한 가지의 첫 경험'을 체험하는 것이다.

나는 매일 한 가지 지금까지 해본 적 없는 체험을 한다. 첫 경험이라 말하기에도 부끄러울 정도로 작고 시시하다. 예컨대 신제품으로 나온 음료를 맛보거나 따로 마시는 음료가 있지만 그날만큼은 다른 음료를 마시는 정도의 일이다. 어쩌면 입맛에 맞지 않을지도 모른다. 그러나 맛있는 것을 발견하게 될지도 모른다. 정말 아무래도 좋은 사소한 변화를 감행한다.

혹은 편의점에 들를 때마다 접해보지 못한 잡지의 책장을 넘겨본다. 때로는 여성지를 보기도 한다. 대충 훑는 것만으로도 충분하다. 그것을 통해 지금껏 보지 못했던 세상의 움직임을 이해하게 될지도 모르고, 잠자고 있던 우뇌가 깨어나기도 한다.

늘 오가던 출퇴근길 코스를 바꿔보는 것도 작은 변화 중 하나가 될 것이다. 최근 나는 자전거로 출퇴근하고 있다. 예전에는 회사가 쉬는 월요일을 제외하면 도쿄의 시타키타자와에 있는 자택에서 사무실이 있는 신주쿠까지 전철을 이용했다. 하지만 정기권을 사용하지는 않았다. 왜냐하면 정기권을 사용하면 늘 오가는 코스밖에는 이용할 수 없기 때문이다. 매일 똑같은 길을 오가며 나는 왠지 인생이 지루하다는 괜한 생각에 시달려야 했다.

정기권이 없으면 언제든 내키는 대로 어떤 길이든 선택할 수 있고, 내려야 하는 역 바로 전에서 내릴 수도, 지나서 내릴 수도 있다.

다소 교통비가 들기는 하지만 '새로운 발견을 얻는 데 드는 비용'이라 생각하면 오히려 저렴한 투자다.

샐러리맨 시절에도 만성적으로 출퇴근하지 않기 위하여 정기권은 구입하지 않았다. 늘 다른 길을 걸어보고 싶었기 때문이다. 매너리즘에 빠지지 않는다는 의식을 다시금 확인할 수 있는 시간으로 항상 일에도 활력을 불어넣었다.

전철노선뿐 아니다. 자전거로 오가는 길이나 역에서 회사까지 걷는 길도 매일 바꾼다. 길을 살짝 바꾸거나 좀 멀리 돌아간다. 사소한 변화지만 매너리즘을 말끔히 날려버려 상쾌한 마음으로 회사로 향할 수 있다.

다소 유난스러워 보일지 모르지만 지나는 길 하나에도 늘 새로운 변화를 발견하는 나는 결코 매너리즘에 빠지지 않는다는 실감을 만끽한다.

회사를 쉬는 월요일에는 대개 아내와 지내는데, 그날은 지금까지 한 번도 해본 적 없는 일을 한다. 가본 적 없는 레스토랑에서 식사를 하거나 둘이서 해본 적 없는 요리를 해보기도 하는데, 이것도 또한 작은 첫 경험 중 하나다.

이런 식으로 하루 한 가지 첫 경험을 다짐하면 나는 매일 변하고 있다, 나는 매일 성장하고 있다는 자각을 할 수 있다.

변화를 거듭하는 자신을 느끼는 일은 실로 상쾌하다. 적어도 매너리즘에 빠져 제자리에 머물러 있는 자신과 비교하면 쾌감의 정도는 현저히 다르다.

기분 좋다, 즐겁다, 재미있다, 그런 감각이 중요하다.

매일 작은 변화를 추구함으로써 차츰 원심력이 생긴다. 작은 변화를 거듭하면서 자신감이 생긴다. 자신감은 다음에 보다 큰 변화를 일으키는 동기가 된다. 그리고 자발성을 띠게 되면서 새로운 도전을 하는 계기가 된다.

그 기본에는 변화는 기분 좋다, 변화는 재미있다는 감각이 있다. 그 같은 감각이 있기에 우리의 몸도 새로운 변화를 순조롭게 받아들이는 것이다.

변화를 거듭할수록 매일 변해가는 자신을 사랑하게 된다. 목표가 보이고, 목표를 향해 에너지가 샘솟는다.

따라서 가장 먼저 일단 작은 변화를 체험해본다.

매일 한 가지 작은 첫 경험을 경험해보자.

 오늘부터 실천할 수 있는 의욕의 씨앗 뿌리기
오늘(내일)은 평소와 다른 길로 출근한다.〈0분〉

CHANGE 5
5분의 몰입과 10분의 사고

나는 일에도 처음의 작은 계기 만들기를 활용하고 있다.

예를 들어 처리해야 할 장기 프로젝트가 있다고 가정해보자. 그런데 아직 어떤 구체적인 행동을 취하지는 않고 있다. 지금 당장 해야 할 필요는 없지만 분명 언젠가는 해야만 하는 일을 마냥 미루고 있는 상태다.

예전에 나도 이런 일들은 자꾸 나중으로 미뤄두는 편이었다. 특히 신규 사업계획처럼 기간이 딱히 정해져 있지 않은 일은 무심코 나중으로 미루게 된다.

그런데 의외로 그 같은 일이 더 중요한 경우가 많다. 그래서 매일 '5분간 대시'에 힘을 쏟았다.

5분간 대시는 기한은 정해져 있지 않지만 나중으로 미루던 중요한 일에 매일 아침 단 5분 동안 진지하게 몰두하는 것이다.

규모가 큰 업무나 새로운 일일 경우에는 그 일을 완수하는 데 얼마만큼의 시간이 필요한지 알 수 없다. 게다가 얼마나 힘들고 어려운 일인지도 가늠할 수 없다.

그러한 때에 5분 동안 정신을 집중하고 일단 해보는 것이다. 5분 동안 전력 질주를 해보는 것이다. 그런 까닭으로 '5분간 대시'라고 한다.

단 5분이지만 온 힘을 기울여 매진하면 그 이후의 궤도가 보인다.

예컨대 일을 시작할 당시에는 상당히 시간이 걸릴 것이라 예상했지만 막상 해보니 1시간이면 충분히 끝낼 수 있다는 것을 알게 되기도 한다. 그러한 경우에는 5분간 대시 이후 내친김에 그날 일정으로써 끝마치면 될 것이다.

물론 1시간에 끝낼 수 있는 일만 있지 않다. 일주일 넘게, 혹은 한 달 넘게 시간이 소요되기도 한다. 그렇게 짐작으로 소요시간을 예측할 수 있는 것도 일단 5분간 대시해봄으로써 알고 구체적인 일정을 세울 수 있는 것이다.

전혀 손도 대보지 못하고 그저 막연한 불안감만 안고 있는 일도 일단 5분간 대시해보면 막연한 불안감 따윈 말끔히 사라진다.

자신 앞에 놓여 있던 높은 장벽이 단숨에 낮아진다. 기분도 개운해지고 다른 업무를 처리하는 데도 효율성이 높아진다.

나의 매일의 목표 중 또 다른 하나는 '10분간 생각하기'다.

이것은 매일 아침마다 최소 10분 동안 머리로 생각하는 것이다.

일상업무라는 것은 바로 눈앞에 있는 일로, 처리하는 데 급급한 경향이 있다. 굳이 머리를 쓰지 않고 손발을 부지런히 놀리기만 해도 왠지 모를 자기만족에 취하고 적당한 피로감이 밀려오면서 '아, 오늘도 열심히 살았다'는 감상에 젖어든다.

그러나 업무를 처리하는 데 무엇보다 중요한 것은 단순작업 이상으로 사고하는 것이다.

작업을 처리하는 한편, 현재보다 효율적으로 일하기 위해서는 어떤 방법이 좋을까? 지금보다 고객에게 기쁨을 안겨주기 위해서는 어떻게 해야 할까? 고객에게 즐거움을 선사할 아이템은 없을까? 등등, 끊임없이 생각한다.

새로운 아이디어가 떠오른 경우에도 그것을 어떻게 구체적으로 진행시킬 것인지 생각하는 작업이 필요하다.

그런데 무슨 까닭인지 생각하는 작업은 나중으로 미뤄지는 경향이 있다. 지금 처리하는 눈앞에 놓인 일상업무보다 훨씬 중요한 일이지만 성가시다는 생각에 무심코 미루게 된다.

따라서 애초에 10분 동안 생각하는 시간을 설정해놓은 것이다.

좀 더 구체적인 방법에 대하여 설명하면, 먼저 노트를 펼치고 생각할 사항에 정신을 집중한다. 나의 경우, 토니 부잔의 마인드 맵 방법을 참고하고 있다.

제목을 노트 한가운데 적고, 생각나는 것들을 방사선 위에 차례로 적어간다(자세한 방법은 토니 부잔의 《마인드 맵》을 참조한다).

이때 컴퓨터는 사용하지 않는다. 컴퓨터를 사용하면 작업하듯 키보드를 치게 되고 실제로 그다지 머리는 제 기능을 하지 않는 상태에 빠지기 때문이다.

  실제로 5분간 대시해보고 10분간 생각하는 습관을 가지면서 자꾸 미루기만 해서 끌어안고 있는 일들이 훨씬 많이 줄어들었다. 이 방법은 비즈니스 코칭에서도 활용되고 있다.

  아이디어는 있는데 좀처럼 손대지 못하고 있는 기획, 해야 한다고 생각하면서도 자꾸 미뤄두는 일. 그것들을 처리하기 위해 필요한 것은 면밀한 계획이나 강한 의지가 아니다. 처음의 작은 계기만 있다면 누구나 얼마든지 해결할 수 있는 것이다.

 오늘부터 실천할 수 있는 의욕의 씨앗 뿌리기
마감이 정해지지 않은 중요한 일은 5분간 대시한다. 〈5분〉

CHANGE 6
One Person, One Action으로 인생을 이어간다

  매일 작은 변화를 시도한다는 것은 작지만 어떤 행동을 한다는 것이다.

나는 한 가지 원칙으로, 누군가 새로운 사람과 만나면 반드시 어떤 한 가지 행동을 일으킨다.

예를 들어, 술자리에서 때때로 영화가 화젯거리에 오를 때가 있다. 최근 본 그 영화가 재미있더라, 이런 영화가 좋더라……. 그때 아직 보지 않은 영화가 화제에 오르면 집으로 돌아가는 길에 반드시 DVD 대여점에 들러 그 영화를 빌려 집으로 돌아온다.

이때 중요한 것은 그날 귀갓길에 반드시 빌리는 것이다. 다음날로 미루게 되면 깜박 잊거나 의욕을 상실하여 끝내 보지 못하기 때문이다.

화제로 책이 등장할 때도 아직 읽지 않은 책이라면 즉시 서점으로 달려가 산다. 서점에서 구입하지 못하거나 서점이 문 닫은 이후라면 그날 중 인터넷으로 주문한다.

또한 업무상 명함을 교환하였다면 기본적으로 그날 중 이메일을 보낸다. 그날 미처 이메일을 보내지 못했어도 명함집에 수납하기 전에 반드시 이메일을 보낸다.

이처럼 누군가와 만나면 어떤 한 가지 행동을 일으켜 다음으로 이어간다. 이런 원칙을 만든 계기는 켄 그림우드가 쓴 《다시 한 번 리플레이》라는 소설을 읽고 나서다.

당시 나는 교육 관련 출판사에서 일하고 있었는데, 오사카 출장에서 돌아오는 신칸센 안에서 이 소설을 읽었다.

소설은 43세에 세상을 떠난 주인공이 기억과 지식을 온전히 간직한 채 18세의 자신으로 돌아간다는 이야기다. 이야기 속 주인공은 지금까지 무슨 일이 어떻게 일어났는지를 잘 알고 있어 그것을 이용하여 주식이나 경마로 큰돈을 벌고 제2의 인생을 살아간다.
그러나 다시 43세가 되었을 때 세상을 떠나고 만다. 그리고 다시 19세의 자신으로 돌아간다.

이 책을 읽은 뒤에 무슨 까닭인지 나의 주변에서 일어나는 우연한 일들을 아무렇지 않게 흘려보낼 수 없어 지금까지 살아온 인생을 노트에 적었다.
가장 먼저 '왜 나는 이 회사(당시 일하고 있던 출판사)에 들어 왔는가?'에 대하여 생각했다.
해외의 통신교육 사업을 하고 싶다는 실제적인 희망도 있었지만, 역시 계기 중 하나는 중국 유학 중 북경에서 N씨를 만난 것이다. 그는 당시 내가 일하던 출판사 직원이었다. 그렇다면 나는 왜 중국에 갔을까? 그 전년도의 터키 여행에서 H씨라는 일본인 배낭 여행자와 만나 이야기를 들었기 때문이다. 터키에 갔던 것은 사와키 코타로의 《심야특급》을 읽은 뒤로, 이 책을 추천한 것은 대학 시절 동아리 선배였다. 그 동아리에 들어간 것은 무기력한 얼굴로 교정을 걷던 I선배의 권유가 있었기 때문이다.

이런 식으로 관계 하나하나를 거슬러 올라갔다.

'고등학교 시절에 핸드볼부로 고교체육대회에 나갔던 것은 입시 때 제1지망이던 고등학교에 떨어졌기 때문'이라는 식으로 관계의 뿌리를 계속 파헤쳤다.

마지막에는, '나는 왜 태어났을까?' 하는 데까지 생각이 미쳤다. 그것은 물론 아버지와 어머니가 만났기 때문이다. 게다가 아버지와 어머니가 처음 만나는 곳이 어느 서점이었다는 데까지 생각이 미치면, 결국 내가 이 세상에 존재할 수 있었던 것은 어디까지나 그 서점 주인이 가게 문을 열어놓고 있었기에 가능했다고 할 수 있다.

이런 식으로 생각이 꼬리에 꼬리를 물고 이어지는 가운데 새삼스럽게 '이 세상의 모든 것은 서로 연결되어 있다'고 실감하게 된다.

인생이 이런 것이라면 가능한 한 관계를 많이 만들면 한층 재미있지 않을까. 현재 내 눈앞에 벌어지는 일에 대하여 행동 하나를 일으키고 관계를 만들어 가면 즐겁지 않을까.

자신의 성격에 맞든 아니든, 상대를 존경하든 아니든, 취향이라는 것과 무관하게 손익계산을 일절 하지 않고 무엇인가와 관계를 맺는다. 그 관계가 어떻게 전개될지는 모르지만, 행동을 일으키지 않으면 모든 관계는 단절되기 때문이다.

따라서 아주 사소한 것이라도 좋으니 행동을 일으키고 관계를 형성해간다. 그리고 대개 관계는 좋은 방향으로 흘러간다.

지금껏 나는 이런 생각을 가지고 살아왔다.

그리고 그 결과로써 인생을 좋은 방향으로 이끌어주는 수많은 작은 계기들과 만났다.

 **오늘부터 실천할 수 있는 의욕의 씨앗 뿌리기**
화제에 올랐던 책이나 영화를 사거나 빌린다.〈1분~〉

CHANGE 7
바쁘다는 말은 하지 않는다

뇌는 언어에 예민하다.

예를 들어 회사에서 벌어질 수 있는 상황으로, 당신이 저지른 실수로 인해 회사에 손실을 끼쳤고 상사가 다음과 같이 말했다고 가정해보자.

"앞으로 이 같은 실수를 두 번 다시 안 하도록 당신의 어떤 부분이 잘못 되었는지 잘 생각해보도록 해."

이 말을 듣고 당신의 뇌는 어떤 부분이 잘못 됐는지에 사고의 초점을 맞춘다. 그런 까닭에 생각하면 할수록 마음은 어두워진다.

그런데 당신이 들은 말이 다음과 같았다면 어떨까?

"앞으로 이 같은 실수를 두 번 다시 안 하도록 앞으로 어떻게 해야 할지 잘 생각해보도록 해."

그런 경우 뇌는 장차 할 수 있는 일은 무엇인지에 사고의 초점을 맞춘다. 사고하는 과정에서 자신의 결점을 깨닫게 될지도 모르지만 결과적으로 당신의 마음은 긍정적인 방향으로 전개될 것이다.

물론 실제 이 같은 상황에 직면한 경우에는 문제를 직시하고 반성할 필요가 있다. 단, 똑같은 대처법에 이르렀다고 해도 그 과정에서 발생하는 감정이 앞으로의 의욕에 큰 영향을 미치기도 한다.

상사가 말한 두 경우의 말이 갖는 의미는 동일하지만, 다소 다른 표현에 의해 뇌는 민감하게 반응하는 것이다.

이렇게 인간의 뇌는 언어에 쉽사리 영향을 받는다. 즉, 언어는 정신적인 측면에서 큰 영향력을 행사한다. 그런 까닭으로 평소 나는 언어 사용에 있어 신중을 기하고 있다. 예컨대 '~하지 않으면 안 된다'는 표현은 사용하지 않으려고 노력한다. 불쑥 '~하지 않으면 안 된다'는 표현이 떠오를 때는 얼른 '~하고 싶다'는 말로 바꾼다.

공부하지 않으면 안 된다, 가 아니라 공부하고 싶다. 선물을 받았으니까 답례하지 않으면 안 된다, 가 아니라 답례하고 싶다.

'~하지 않으면 안 된다'라는 말은 의무감을 낳고 행동하는 데 한두 걸음 늦춘다. 말 한마디에 마음도 행동도 달라지는 것이다.

물론 무거운 의무감에서 벗어나기 어려운 경우도 있다. 그러한 때는 행동한 결과로서 손에 넣을 수 있다고 머릿속에 그려본다. 결국 마음속으로 '□□를 손에 넣기 위해 공부하고 싶다'고 말하는 것이다. 이것은 목표달성을 위한 워밍업으로, 효과만점이다.

또한 목표를 말할 때는 긍정형의 표현을 사용한다. 예컨대 '늦잠 자지 않는다'는 목표를 세우면 인간의 잠재의식은 무의식중에 늦잠을 자는 자신의 모습을 떠올린다. 그 결과, 늦잠을 자게 된다. 따라서 목표를 언어로 표현할 때는 '내일부터 아침 5시에 일어난다' 같이 긍정형으로 말하는 것이 무엇보다 중요하다.

바쁘다, 시간이 날 때라는 표현도 사용하지 않는 것이 좋다. 바쁘다는 말은 주눅 들게 하고 부정적인 감정을 불러일으킨다.

누군가 '요즘 바쁘세요?'라고 물으면 '덕분에 잘 지내고 있어요' 하고 대답하면 좋다.

'시간이 난다'는 말도 일이라는 측면에서는 행운을 쫓아버린다. 따라서 비록 시간이 나더라도 '요즘 책 읽을 시간이 늘었다'고 말한다. 이렇듯 표현을 달리하면 현재의 상황에 긍정적으로 작용한다.

우리의 뇌는 언어에 대하여 무의식적으로 게다가 매우 솔직히 반응한다. 그러므로 부정적인 표현의 말은 가급적 사용하지 않는다. 비록 사용하게 되더라도 긍정적인 표현으로 바꾸도록 한다.

 오늘부터 실천할 수 있는 의욕의 씨앗 뿌리기
목표는 긍정적인 표현으로 이야기한다.〈1분〉

CHANGE 8
기필코 해야 하는 상황에 자신을 몰아넣는다

"당신은 이성적으로 살고 있군요."
매일 아침, 분 단위로 움직이고 늦은 밤까지 일정이 빡빡하게 이어진다고 이야기하면 사람들은 때때로 내게 이런 말을 한다.

하지만 나는 이 말에 동의할 수 없다. 나는 원래 게으른 사람이다. 긴장이 풀리면 종일 누워서 편하게 시간을 보낸다. 그런 내가 이성적이라니 당치도 않다.

굳이 말하자면, 나의 장점은 '나 자신이 게으르다는 것을 너무도 잘 알고 있다'는 것이다. 게으른 타입이다 보니 오히려 자신을 어떤 상황에 몰아넣는 경우가 많다.

하지 않아도 되는 상황이라면 굳이 하지 않는 나의 습성을 나 자신이 가장 잘 알고 있다. 따라서 오히려 외국어 공부나 업무 등의 일상적인 과제를 수행할 때도 어쩔 수 없이 해야만 하는 '절벽 위' 상황에 나 자신을 놓는다.

예컨대, 텔레비전의 콘센트 뽑기도 그 중 한 가지다.

내가 이런 습관을 갖게 된 계기는 대학입시 준비를 할 때였다. 일단 텔레비전을 켜면 하염없이 보게 되고, 그로 인해 시간을 허비하고 만다. 따라서 공부할 때는 텔레비전을 전혀 보지 않는다.

처음에는 '보지 말라'고 가볍게 주의하는 정도였다. 그런데 그것만으로는 아무런 효과가 없었다. 굳게 결심해도 잠시 방심한 틈에 무심코 텔레비전 스위치로 손이 뻗었다. 그래서 텔레비전의 전원 코드를 아예 뽑아 둘둘 감아 창고 안에 집어넣었다. 어설픈 결의로는 맹세를 지킬 수 없을 만큼 태만하다는 것을 잘 알고 있기에 일부러 힘한 상황을 만든다.

대학 시절에는 게으른 생활에서 벗어나기 위해 중국 유학을 결행한 적도 있다. 이때에도 힘한 상황에 나 자신을 몰아넣으려는 생각에서 중국 유학이라는 선택을 했다.

그때까지 중국에는 한 번도 가본 적이 없다. 중국어를 배운 적도 없다. 그저 이왕 하는 것이라면 사람이 좀처럼 하지 않는 것에 도전해보고 싶었다. 많은 사람이 공부한 영어가 아니지만, 세계의 많은 사람들이 사용하는 언어가 좋다. 조금 생활하는 데 불편을 겪는 곳으로 하자. 그런 이유로 중국을 선택했다.

일본을 출발하여 베이징 공항에 도착했을 때, 내가 할 수 있는 중국어는 고작 '니하오'라는 인사말과 1부터 10까지의 숫자뿐이었다. 그런 상태에서 공항에서 학교 기숙사를 찾아갈 때까지 한차례 고생했다.

공항의 어디에 택시 승차장이 있는지도 알 수 없었다. 당시 중국에는 영어로 의사소통을 할 수 있는 사람도 거의 없어서 어렵사리 택시를 탔지만 대학이 있는 곳을 운전사에게 전달할 수 없었다. 게다가 대학에 도착한 뒤에도 기숙사를 찾는 데 생고생했다.

겨우 기숙사에 도착하여 여직원에게 말했다.

"일본에서 온 유학생입니다."

물론 그런 중국어는 알지도, 말하지도 못한다. 적당히 한자를 적어 보여주었을 뿐이다. 여직원은 무언가를 설명하기 시작했지만, 나는 도무지 알아들을 수 없었다. 때마침 한국인 유학생이 지나가기에 어눌한 영어로 나의 말을 전달해 달라고 부탁했다. 그렇게 간신히 내 방에 들어갈 수 있었다.

도착하는 데까지는 일단 성공했지만 주위에 일본인이라고는 한 명도 없는 상황에서 환경에 익숙해지는 몇 개월 동안 매일 같이 고생해야만 했다.

그러나 그것은 내 자신이 바라던 것이었다. 내게는 그런 터무니없는 상황에 놓여야 필사적으로 바뀌는 부분이 있다. 중국어 공부도 진지하게 최선을 다했다. 어쩔 수 없이 해야만 했고, 필사적으로 몰두했다.

사실은 중국에 가기 전부터 그곳에 가면 성실하게 공부할 것이라 막연히 생각하고 있었다.

나는 고교시절 핸드볼부에서 뛰었다. 고교체육대회에 출전할 만큼 강한 팀이었고, 그만큼 연습은 죽을 만큼 힘들었다. 감독님은 무섭고 엄해서 매일 하는 연습은 견딜 수 없을 만큼 힘들었다. 그러나 필사적으로 연습했고 고교체육대회에 출전하게 되었을 때는 기쁨의 눈물이 멈추지 않았다.

노력 끝에 결과를 거머쥐었다는 큰 감동을 행복으로 만끽했다.

그때부터 해야만 하는 상황 속에 놓인 나 자신은 어떻게든 해내고 만다는 것을 알게 되었다. 해야만 하는 상황에 놓이면 사람은 자동적으로 어떻게 해서든지 하게 된다는 것을.

그래서 나는 오히려 절벽 위에 서기로 한 것이다. 해야만 하는 상황에 자신을 몰아넣는다. 이후 어쩔 수 없이 할 수밖에 없다며 스스로 분발한다.

그것은 유학이라는 거창한 것에 국한되지 않는다.

예컨대 업무로 새로운 프로젝트가 진행될 때 자신감이 다소 부족하더라고 '내가 하겠다'며 적극적으로 나선다.

친한 친구에게 '내년에 TOEIC 900점 받을 거야'라고 선언한다.

어쩔 수 없이 해야만 하는 상황에 자신을 몰아넣는다. 그렇게 함으로써 저절로 행동하게 되는 것이다.

매일 머릿속에 그렸던 미래는 그대로 현실이 된다.
10년 뒤의 목표 중 하나를 노트에 적어본다(15초).

제 2 장

CHALLENGE

매일 조금씩 나아지기 위해
작은 모험에 도전한다

CHALLENGE 1

One Book, Three Points, One Action의 독서

요즘 편의점에서 거스름돈을 받으면 갖고 있던 50엔 미만의 동전과 함께 모금함에 넣는다. 편의점 계산대 옆에는 대개 모금함이 놓여 있는데, 거기에 거스름돈과 지갑 안에 들어 있는 10엔, 5엔, 1엔짜리 동전을 모두 집어넣는다.

종종 수입의 10퍼센트를 기부하자는 이야기를 듣는다. 내게 들어온 돈을 몽땅 나만을 위해 쓰는 것이 아니라, 일부는 누군가를 위해

쓰면 그 돈은 돌고 돌아 다시 내게로 돌아온다고 한다.

하지만 실제로 행동으로 옮기기는 결코 쉽지 않다. 그러나 편의점에서 잔돈을 기부하는 정도라면 얼마든지 손쉽게 실천할 수 있다. '편의점에서 잔돈을 기부한다'는 말은 미즈노 케이야가 지은 《꿈을 이루어주는 코끼리》에 나온 것이다. 이 책을 읽고 '참으로 좋은 기부법'이라는 생각에서 실천하게 되었다.

나는 책을 읽을 때 'One Book, Three Points, One Action'을 다짐한다. 이것은 책 한 권에서 세 가지 포인트를 뽑아내고 '읽은 뒤에 하나만 구체적으로 행동으로 옮긴다'는 의식을 갖고 읽는다.

《꿈을 이루어주는 코끼리》를 읽고서 '편의점에서 잔돈을 기부한다'가 One Action이 되었다(이 기부가 어떤 식으로 나의 인생에 보탬이 되었는지는 나중에 자세히 설명하겠다). 또한 앞에서 말한 출퇴근을 전철에서 자전거로 바꾼 것도 최근에 읽은 《효율이 10배나 높아지는 지적생산술》이라는 책에서 얻은 One Action이다.

이런 식으로 하나의 행동을 실행케 할 깨달음을 얻을 수 있다면 독서라는 투자는 매우 유용하다. 한 권 1,500엔 정도로(술 한 잔에도 3,000엔이 날아간다) 일생을 좌우할 엄청난 비밀을 얻을 수 있는 책에 투자하는 게 훨씬 낫다. 그래서 나는 책을 구입하는 데는 비용을 아끼지 말라고 조언하고 싶다.

그리고 책에서 얻은 단 한 가지를 행동으로 옮긴다.

책 한 권을 읽고 지식 10개를 얻었어도 행동이 제로인 것보다 '지식 1개를 얻고(아무것도 얻지 못해도) 행동 하나를 하는' 것이 중요하다. 그래서 세 가지 포인트가 될 지식을 찾으면서 행동으로 옮길 만한 것은 없는지 촉각을 세우고 책을 읽는다.

책을 읽을 때는 마음에 드는 문장이 나와도 결코 밑줄을 긋지 않는다. 항상 펜을 가지고 다니는 것도 아니고 일일이 밑줄을 긋다 보면 독서 리듬이 깨지기 때문이다. 그 대신 중요하다고 생각되는 곳은 그 페이지의 끝을 접어둔다. 그렇게 하면 독서 리듬을 깨지 않고 읽어나갈 수 있다.

그리고 그날 밤 접어둔 페이지를 5분 정도 다시 한 번 읽고, 그때 비로소 중요한 곳에 밑줄을 긋는다. 다음날 아침 밑줄 그은 부분을 다시 읽는다. 그때 떠오르는 구체적인 행동 계획은 책의 맨 뒷장이나 일정표에 적는다. 이렇게 책을 읽으면 중요한 포인트는 대개 머릿속에 남는다.

나는 동시에 세 권을 병행하여 읽고 있다. 한 권은 일과 직접적으로 관련된 책, 다른 한 권은 일과는 직접적인 연관성은 없지만 업무에 도움이 될 것 같은 책, 나머지 한 권은 소설처럼 업무와 상관없이 마음에 풍요로움을 선사하는 책이다.

　업무를 중시하는 것도 물론 좋지만, 아무래도 일에만 전념하면 발상이 좁아지기 때문이다. 특히 회사라는 좁은 조직에서 자신의 업무만 하다보면 자신도 모르는 사이에 시야가 협소해진다.

　오히려 일과 무관한 책을 읽음으로써 상상력과 호기심이 자극받아 결과적으로 일에도 도움이 된다. 그러므로 비즈니스서만 읽을 것이 아니라 업무와 무관한 책도 읽도록 한다.

　물론 굳이 무엇을 얻기 위해서가 아니라 독서 그 자체를 즐기도록 한다.

 **오늘부터 실천할 수 있는 의욕의 씨앗 뿌리기**
One Book, One Action을 실천하기 위해 바로 이 페이지의 책장을 접어둔다.〈5초〉

CHALLENGE 2
매월 28개의 물건을 버려 일상을 여유롭게 만든다

우리 집에는 한 달에 한 번 28개의 물건을 버리는 날이 정해져 있다. 물건을 버림으로써 새로운 것이 들어올 공간이 만들어지고, 집 안을 순환시킨다는 '변화'가 찾아온다.

어느 외국작가가 쓴 책에서 '매달 28개 물건을 버린다'는 내용을 읽은 적이 있다. '이거 좋은 아이디어다! 흉내 내자'는 생각에서(One Book, One Action) 실행하게 되었다.

우리 집에서는 원칙적으로 매월 첫 번째 월요일에 28개 물건을 버린다. 이때 소요되는 시간은 고작 30분. 나와 아내가 각자 14개씩 버릴 물건을 모아온다. 다 읽은 잡지나 서적, 서랍 속에 처박아둔 파일이나 봉투, 더 이상 입지 않는 양복 같은 것을 버린다. 그것들을 쓰레기봉투 속에 넣을 때는 '그 동안 고마웠다'라는 감사 인사도 잊지 않는다.

이렇듯 일정량의 물건을 버리는 것은 '버림으로써 새로운 것이 들어오기' 때문이다.

대부분의 가정이 책장이나 서랍장 같은 수납공간이 물건으로 가득 차 있지 않을까?

우리 집도 예전에는 새로운 물건을 넣어둘 여유가 없을 만큼 곳곳이 그득하게 차 있었다. 그것이 28개 물건을 버리는 날을 정한 뒤부터 눈에 띄게 달라졌다. 한 달에 한 번 28개 물건을 버리는 것으로 책장이나 책상서랍, 옷장에 약간의 공간이 만들어졌다.

수납공간에 여유가 생기면 뜻밖에도 마음에 여유가 생긴다. 또한 버릴 물건을 정기적으로 찾다보니 책장이나 서랍 속을 자주 체크하게 되고 예전에 감동적으로 읽은 책, 완전히 잊고 있던 책을 발견하기도 하고 친구에게 주려고 뽑아놓았지만 미처 전해주지 못한 사진을 발견하기도 한다.

요컨대 '장소'가 활성화된다.

또 한 가지, 28개 물건을 버리는 날로 정해놓음으로써 '버리는 습관'을 갖게 되었다.

보통은 물건이 가득 찬 뒤에 버린다. 쓰레기통도 마찬가지다. 그러나 비즈니스나 인생의 경우엔 이 사고방식으로는 원활한 순환이 이루어지지 않는다.

예컨대 나는 강연이나 세미나처럼 단기간에 진행되는 일은 효율적으로 일한다. 그런데 눈앞의 수입에만 촉각을 곤두세워 단기업무에만 급급하면 중장기적으로 새로운 일을 창출할 여유가 사라지고 만다.

가령 단기업무가 주요 수입원이라 해도 단기업무를 버림으로써 새로운 비즈니스를 낳는다. 먼저 버림으로써 새로운 일에 힘 쏟을 여유가 생기는 것이다. 새로운 비즈니스를 창출한 뒤에 지금의 업무를 버리겠다, 이런 생각으로는 평생 새로운 비즈니스를 확립할 수 없다.

물론 이것을 실제 행동으로 옮기는 데는 상당한 용기가 필요하다. 따라서 평소에 먼저 버리는 습관을 갖는다. 때가 되면 신속히 움직일 수 있도록 '먼저 버리는 습관'을 갖는 것이다.

 오늘부터 실천할 수 있는 의욕의 씨앗 뿌리기
먼저, 오늘 물건 하나를 버린다.〈1분〉

CHALLENGE 3
준비되지 않았어도 뛰어든다

"어쩌니, 일이 좀 난처하게 됐구나."

어느 날 나의 어머니로부터 이런 전화가 걸려왔다. 수화기 너머 목소리는 말처럼 당혹스럽지는 않지만 평소보다 조금 불안한 듯 들렸다.

그녀는 집에서 패치워크 교실을 열고 있었다. 처음엔 취미로 시작했는데, 차츰 본격화되어 내가 고등학생이던 무렵에는 집을 개축하여 패치워크 교재를 파는 가게와 교실을 운영하기 시작했다.

이야기를 들어보니, 최근 그녀의 작품이 어느 잡지에 게재되었다고 한다. 그런데 그 잡지를 본 어느 오스트레일리아 사람이 강사로서 그 나라에 꼭 와주길 바란다고 연락해온 것이다. 학생들은 모두 오스트레일리아 사람이라 강의는 물론 영어로 진행되어야 한다.

어머니가 영어 공부를 시작한 것은 50대 후반부터. 공부라 해봤자 그저 패치워크와 집안일을 하는 틈틈이 하는 정도였다. 그렇지만 간단한 영어회화 정도는 가능했던 아버지의 조언을 받으면서 조금씩이기는 하지만 꾸준히 공부해왔다.

그러나 매일 밤마다 열심히 공부해왔다고 해도 그녀의 영어 실력은 고작 중학생 수준이었다.

그런 그녀에게 오스트레일리아에서의 강사라는 생각지도 못한 제안이 들어온 것이다.

그녀는 말했다.

"해보고 싶은데, 영어를 잘하는 것도 아니고……어쩐다?"

"어쩌다니요, 하고 싶은 거죠? 굉장히."

"그렇기는 한데……."

나는 어떤 새로운 일을 시작할 기회가 찾아왔을 때에 충분한 준비가 되어 있지 않아도 '하겠습니다!' 하고 번쩍 손을 드는 타입이다.

준비가 갖춰지기를 기다리면 절대로 두 번 다시 기회는 찾아오지 않는다. 그 사이에 기회는 멀리 날아가 버리기 때문이다.

반대로, 비록 준비가 완벽하지는 않지만 '하겠다'는 마음만 있다면 그것으로 충분하다. 뛰어들어라, 그러면 이후는 어떻게든 자신의 노력으로 극복해갈 수 있다.

이때 나는 그녀에게 이렇다 할 조언을 못했지만, 결국 그녀는 그 제안을 받아들였다. 60대 할머니 혼자서 낯선 오스트레일리아로 날아갔다. 그리고 훌륭하게 그 일을 마치고 돌아왔다.

영어가 완벽해진 뒤에 도전하겠다고 생각했다면 그녀는 결코 그 일을 하지 못했을 것이다. 중학생 수준의 영어 실력이라도 상관없다, 상대의 이야기를 거의 이해하지 못해도 문제될 것 없다, 이렇게 생각했기에 그녀는 낯선 타국으로 떠날 수 있었던 것이다.

이때 나는 내 어머니를 보면서 실로 많은 것을 느꼈다.

노력하면 언젠가는 반드시 기회가 찾아온다, 아무리 나이가 들었어도 언제든 시작할 수 있고 결코 늦지 않다는 것을.

그리고 자신감이 없어도 기회가 오면 신이 보낸 선물이라 생각하고 망설이지 말고 뛰어들어야 한다는 가르침을 가슴에 아로새겼다.

 오늘부터 실천할 수 있는 의욕의 씨앗 뿌리기
불가능해 보이는 일이라도 일단 뛰어든다.〈5초〉

CHALLENGE 4
주저할 때의 판단 기준은 '어떤 모습의 내가 좋은가'

매일 변화하기 위하여 노력하면 '도전 모드에 있는 자신'을 사랑하게 된다. 에너지가 용솟음치고, 목표가 보이고, 그에 대한 자신감이 붙는다.

하지만 항상 그런 것은 아니다. 목표달성을 코앞에 둔 시점에서 돌연 주저하게 되기도 하기 때문이다.

예를 들어, 직장을 옮겨 커리어 향상을 꾀하고 싶다는 생각을 가지고 있다. 그러나 막상 회사를 그만두려고 하는 시점에서 정말 전직에 성공할 수 있을까? 하는 생각에 주저하게 된다.

이처럼 'A or B'로 고민할 때, 나는 장점과 단점을 분석하고 자신의 목적을 확인한 뒤, 다음과 같은 기준으로 결단을 내린다.

'어떤 모습의 내가 좋은가?'

옮긴 회사에서 기대 이하로 활발히 일하지 못할지도 모른다. 그 결과, 실패할지도 모른다. 그렇다면 여기서 포기해버리는 것이 좋을까? 아니면, 실패할지도 모르지만 그래도 도전해보는 것이 좋을까?

물론 어떤 행동을 선택하기에 앞서 장점과 단점도 치밀하게 분석한다. 그리고 나서 최종적으로 순수하게 납득이 가는 행동은 무엇인지를 생각하고 어떤 행동을 하는 자신의 모습이 좋은지를 자문함으로써 좀 더 내키는 쪽의 행동을 선택한다.

나는 이 기준을 생활의 모든 면에 활용하고 있다.

예를 들어 레스토랑에서 점심 메뉴를 정할 때, 메뉴로 제철 야채조림과 꽁치찜이 있다고 가정해보자. 꽁치를 좋아하지만 어제 저녁에도 먹었다. 게다가 나는 어제와 다른 새로운 것을 추구하는 내 모습이 좋다. 또한 내 몸을 위하고 사랑하는 나이기를 바란다. 그러므로 메뉴로 제철 야채조림을 선택한다. 물론 취향만이 아니라 좀 더 다각적으로 생각해야 하는 경우도 있다.

전직을 해도 예컨대 일가를 부양해야 하는 입장에 있는 사람이라면 실질적인 수입이 동반하는지는 판단의 중요한 요소 중 하나일 것이다. 그러한 것을 제외하고 취향만으로 결정한다면 판단이 그릇되기도 한다.

그런 경우는 하나하나 판단의 요소를 빈틈없이 살펴보고, 그래도 여전히 망설여진다면 마지막으로 어떤 모습의 자신이 좋은지 자문해본다.

기본적으로 이 판단 기준이라면 잘못된 판단은 하지 않는다. 적어도 판단한 뒤에 후회하지는 않을 것이다. 언제든 자유롭게 꺼내 쓸 수 있는 '어떤 모습의 내가 좋은가?'라는 판단 기준을 일단 일상에서 사용해본다.

 **오늘부터 실천할 수 있는 의욕의 씨앗 뿌리기**
'어떤 모습의 자신이 좋은가'를 기준으로 식사 메뉴를 선택한다. 〈1분〉

CHALLENGE 5
망설여진다면 뛰어들고, 뛰어들었다면 돌파하라

'위험이 뒤따르는 결단을 용케 하셨군요.'

교육 관련 출판사를 퇴직했을 때 사람들로부터 자주 이런 말을 들었다.

나는 27세에 당시 커리어 디자인 스쿨의 대표이사로부터 학원의 모체인 회사의 공동대표로 일해 달라는 제안을 받았다. 그가 잠시 유학을 가게 되면서 사장직을 맡아 대표로서 일해주길 바란다고 부탁해온 것이다.

과거에 많은 도움을 받았고 존경하는 그에게 그런 제안을 받다니 영광이라 생각했다. 일도 충분히 보람을 느낄 수 있는 것이었다.

그러나 어떤 의미에서 카리스마 경영으로 일관해온 회사와 학원의 대표를 수락한다는 것은 굳이 말하자면, '기무라 타쿠야 대신에 그로 행세하는' 것이다.

게다가 당시에 회사는 불안정한 상황에 놓여 있어 결코 미래가 보장되어 있지 않았다.

안정적인 대기업에 사표를 던지고 학원의 대표직을 수락한 나는 분명 위험이 뒤따르는 결단을 내린 것일지도 모른다.

위태로운 상황임을 잘 알면서 어째서 나는 그런 결정을 했을까.

물론 당시에는 매우 심각하게 고민했다. 손익을 따지고 인생의 목적에 맞는 결정인지를 고민에 고민을 거듭한 뒤에 나는 최종적으로 어떤 생각에 이르렀다.

'만일 대표이사직을 수락한다면 5년 뒤의 나는 어떤 모습으로 살아가고 있을까?'

그런데 문제는 아무리 생각해도 전혀 상상이 되질 않았다. 모든 것이 온통 미지수로 한 치 앞도 예상할 수 없었다.

하지만 출판사 직원으로서 일하는 5년 뒤의 모습은 어렴풋이 보였다. 출판사에 입사한 당시부터 나는 외국의 통신교육에 관심을 가지고 있었고, 반드시 그 분야에서 일하고 싶었다. 게다가 중국어권이 좋았다. 그러니 아마도 5년 뒤에는 분명 대만 지사에서 일하고 있을 것이고, 나름대로 충실한 나날을 보내고 있을 것이라 상상할 수 있었다. 그러나 5년 뒤 그런 생활을 하면서도 나는 '그때 학원의 원장직을 수락했다면 지금쯤 어떻게 되었을까?' 하는 미련도 갖고 있을 게 뻔했다.

그리고 비로소 깨달았다. 미지수로 가득한 미래는 직접 가보지 않는 한 결코 상상할 수 없다는 것을.

'망설여지면 뛰어들고, 뛰어들었다면 해내라.'

이것이 나의 신념이다.

전직에 대한 결단을 내리기 전, 손익을 철저히 분석하고 나서 '내가 어떻게 행동하는 것이 좋은가'라는 기준에 입각하여 판단하니 명쾌하게 답을 얻을 수 있었다.

앞이 보이지 않을수록, 미래가 예측 불가능할수록 도전하는 나의 모습이 좋은 것이다.

그런 이유로 결국에는 커리어 디자인 스쿨의 대표직을 수락했다. 지금 그때를 돌이켜봐도 젊었기에 가능했던 위험천만한 결단이라 생각한다.

일본에 있으면서 '위험한 결단'을 내리는 경우는 그리 많지 않다.

당시 학원은 도쿄의 아오야마에 있었다. 그래서 출퇴근길에는 늘 근처에 있는 요요기 공원 앞을 지나갔다. 요요기 공원에는 노숙자들이 많다. 힘든 생활이지만, 햇볕이 좋은 날에는 공원 펜스에 이부자리를 말리고, 동료들과 즐겁게 식사하기도 한다.

그들의 생활은 결코 편해 보이지 않는다. 그런 삶을 그들이 스스로 선택했으리라는 생각도 하기 어렵다. 그러나 그저 '생활한다'는 것에만 초점을 맞추면 요요기 공원에서도 얼마든지 지낼 수 있다.

나는 지금까지 배낭을 짊어지고 세계 여러 나라를 여행했다. 여행 도중에 아시아나 아프리카 등의 개발도상국에서 일본에서는 생각도 할 수 없는 광경을 두 눈으로 직접 보기도 했다.

인도에서는 마더 테레사 곁에서 봉사활동을 하면서 질병 때문에 그저 죽음만 기다리는 수많은 사람들과 만났다. 그들과 비교하면 이 나라에 있는 것만으로도 충분히 행복하다는 생각이 들었다.

세계 여러 나라를 여행하면서 많은 경험을 한 탓인지 문득 '내 나라에서 어렵지 않게 먹고 안전하게 지내고 있다'고 실감할 때가 있다.

물론 일본도 격차사회가 확대되고 연금문제가 사회문제로 대두하면서 해결해야 할 일들이 산더미처럼 쌓여 있다. 생활하는 데 어려움도 많다. 그런 것들을 완전히 무시할 수는 없다. 그러나 자신이 나고 자란 이 나라에서 우리가 비참하게 죽을 확률은 매우 낮은 것만은 사실이다. 그렇다면 망설여져도 뛰어들어야 하지 않을까. 기회가 왔다면 용기를 내 해야 하는 게 아닐까.

할 수 있는 환경에 있으면서 하지 않는 것은 하고 싶어도 할 수 없는 환경에 있는 그들에게 매우 미안한 일이다. 안식할 수 있는 이 나라에서 태어났다는 행운이 주어진 이상 그것을 제대로 활용하는 것이 좋다.

안전하기에 한껏 뛰어오를 용기를 낼 수 있다.

필요한 것은 단지 그뿐이다.

 **오늘부터 실천할 수 있는 의욕의 씨앗 뿌리기**
인터넷으로 '세계 평균수명'을 검색해본다. 〈1분〉

CHALLENGE 6
회사를 그만두고 싶다면 일단 회사를 쉬어본다

'내가 회사를 하루 쉬면 이 회사는 과연 어떻게 될까?'

신입사원 시절, 출근길에 불현듯 이런 의문이 머리를 스쳤다. 당시에 나는 자동차로 출퇴근을 했다. 여름이라 날씨도 좋았다. 다마 강변을 자동차로 달리면서 갑자기 당연한 듯 매일 회사로 향하는 의무감에 의문이 들었다.

특별히 업무로 지친 것도 아니다. 그러나 매일 회사에 출근하고, 당연한 듯 일에 힘쓰는 가운데 자신이 일하는 것이 의무감 때문인지 의지에 의한 것인지 알 수 없었다. 회사라는 쳇바퀴를 돌면서도 그 쳇바퀴가 얼마나 큰 것인지도 확인하지 못했다. 사회인이 된 이래 여태껏 단 한 번도 회사를 쉬어본 적이 없었다. 병과는 제로, 무단결근은 단 한 번뿐인데, 바로 이 날이다.

결국 나는 이 날 회사로 가지 않고 드라이브를 하러 가고야 말았다. 그때 타던 자동차는 친구한테 중고로 구입한 마쓰다의 유노스 로드스터. 자동차 지붕을 열고 다마 강 상류를 향해 달렸다. 평일 낮 시간, 텅 빈 도로를 달리는 기분은 최고였다.

그렇지만 무단결근은 무단결근이다. 종일 무거운 죄책감이 가슴을 짓누르고 있었다. 같은 부서 사람들에게 미안한 마음도 들었다.

다음날 무단결근한 핑계 몇 가지를 생각해놓고 회사로 향했다. 상사의 꾸중도 단단히 각오한 뒤였다. 회사에 도착하고 보니 회사는 변함없이 그곳에 흔들림 없이 서 있었다. 당연하다. 그런데 무슨 이유에서인지 온몸에서 힘이 쭉 빠져나갔다.

내가 회사를 쉬어도 평소와 변함없이 회사는 굴러간다.

그리고 깨달았다. '아아, 그렇구나. 나는 내 의지로 여기서 일하는 것이구나' 하고.

업무로 눈코 뜰 새 없이 바쁘거나 오랫동안 단순업무를 계속하다 보면, 불현듯 의무감에 농락당할 때가 있다. 나는 이 일을 하지 않으면 안 된다, 이런 식으로 부담감을 떠안게 된다.

그러나 아무도 강요할 수는 없다. 누구든 '당신은 기필코 이 일을 해야만 한다'고 말하지 않는다. 회사를 그만두고 싶다면 언제든 떠날 수 있다. 물론 보수나 혜택, 기대에 보답하는 것이 지당하지만, 내가 그만두더라도 다른 누군가가 오면 해결될 일이다.

결국 나 자신이 처한 상황은 나의 의지로 선택한 것이다. 아무리 일이 힘들어도 그것을 선택한 것은 자신이다. 일은 의무감이 아닌 자신의 의지로 하고 있다. 그 사실을 깨닫자 마음이 편안해졌다. 그리고 다시 적극적으로 일할 수 있게 되었다.

　기분 좋게 계속 일하기 위해서는 일에 대한 의무감에서 벗어날 필요가 있다. 그렇지만 오랜 시간 일하다보면 무심코 그 사실을 망각하게 된다. 사표를 던지고 학원의 대표직을 수락한 뒤 공동경영자로서 회사를 운영할 때도 종종 그 사실을 잊었다.

　그래서 나는 한 가지 대책으로써 은행 통장과 도장, 여권을 항상 회사 책상 서랍에 넣어두었다. '진심으로 그만두고 싶을 때 은행에서 돈을 찾아 여권만 들고 나리타 공항으로 가면 그뿐이다. 큰돈은 아니지만, 태국이라면 3년 정도는 생활할 수 있다. 그 돈이 떨어지면 다시 돌아와 무슨 일이든 일해 다시 모으면 된다.'

　물론 이 선택지를 선택할 마음이 나는 눈곱만큼도 없었다. 하지만 의무감이 아닌 진취적인 자세로 일하기 위해 나 스스로를 그렇게 타일렀다.

　언제든 나는 여기서 벗어나 자유로워질 수 있다. 하지만 떠나지 않고 일하는 이상, 이것은 나의 의지다.

　문득 의무감에 농락당할 때, 그에 맞서는 방법으로 통장, 도장, 그리고 여권을 이용한 것이다.

　……지금 돌이켜보니 사무실에 좀도둑이라도 들었다면 모든 게 끝장이었다는 생각이 든다.

 **오늘부터 실천할 수 있는 의욕의 씨앗 뿌리기**
회사의 책상 서랍에 통장과 여권을 넣어둔다.〈1분〉

CHALLENGE 7
활력을 불어넣어 줄수록 활력으로 채워진다

　의욕을 고취시키고 인생을 더욱 적극적으로 살고 싶을 때가 있다. 그러한 때는 에너지를 발산하기 위해 노력할 것이 아니라, 먼저 사람들에게 에너지를 선사하려는 노력을 해보는 것이 어떨까? 그러면 그 에너지는 돌고 돌아서 반드시 당신에게 되돌아온다.
　돈도 다른 사람들을 위해 쓰면 돌고 돌아 당신에게 온다. 세상에는 그런 '부메랑 법칙' 같은 것이 있다.

　나는 새로운 일에 착수할 때 그 일로 누가 어떤 기쁨을 누릴 수 있는지, 그를 위해 어떻게 노력하면 좋을지를 생각한다.
　'남을 위해' 할 수 있는 일을 진지하게 생각하고, 결과적으로 누군가에게 기쁨을 주었을 때 누구보다 기쁜 것은 바로 자신이다.
　일로 누군가를 기쁘게 하는 동안 어느 사이엔가 당신은 주위 사람들로부터 '유능한 사람'으로 인정받을 것이다.

남을 위한 행동이 자신에게 다시 되돌아오는 것이다.

물론 처음부터 보답 받을 목적으로 일하는 것은 아니다. 처음에는 그저 '상대를 위하는' 마음을 간단히 행동으로 표현하는 것부터 시작한다. 사람들의 호감을 얻기 위해서는 먼저 당신이 그들을 좋아해야 한다. 그렇게 하면 어느 사이엔가 사람들로부터 사랑받을 것이다.

활력적인 사람이 되고 싶다면, 먼저 당신 앞에 있는 사람에게 활력을 불어넣도록 행동한다. 그러면 어느 사이엔가 당신은 활력으로 가득 채워질 것이다.

무언가를 하겠다고 결심했을 때, 인생을 적극적으로 살아가려 할 때, 사람은 에너지로 가득 찬다. 바꿔 말하면, 그때 그만큼 주위 사람들에게 활력을 불어넣기 위해 노력하기 때문이다.

사람들에게 활력을 안겨주기 위한 노력이라 해도 처음엔 사소하고 간단한 것으로 충분하다. 예컨대 카페에 들어섰을 때에 점원에게 웃는 얼굴로 인사한다. 단지 그 정도의 행동이지만 마음은 완전히 달라진다.

처음에는 작은 일부터 시작하여 익숙해지면 조금씩 큰 행동에 도전해본다. 조바심 낼 필요는 없다. 상대에게 안겨주는 에너지가 커지면 그만큼 자신이 받는 에너지도 커진다.

그래도 만성적으로 무기력할 때는 간단한 대처법으로써 모임을 주최해보자. 동료끼리 모이든 친구의 친구를 부르든 동창회든 뭐든 상관없다. 여하튼 당신이 간사로서 모임을 기획한다.

물론 그것은 술에 취해서 울분을 털어내기 위한 자리는 아니다.

친구나 동료에게 제안하고 장소를 물색한다. 일시와 장소를 정했다면 모두에게 연락한다. 그날 메뉴에도 신경을 쓰면서 술과 음식, 이야기를 즐긴다. 마지막에는 정확히 계산까지 마친다. 요컨대 모든 것을 도맡는다.

나는 회사원 시절에 모임이 있을 때마다 모든 준비를 도맡았다. 입사 1년차이던 시절에는 매월 한 번꼴로 동기들의 모임을 기획했다. 대학을 졸업하자마자 입사한 출판사에서는 안내 데스크의 여직원과 미팅을 주선하기도 했다. 회사를 떠나는 사람을 위한 송별회도 대개 내가 준비했다.

내가 나서서 이 일을 했던 이유는 모임에 참석한 사람들에게 웃음을 주고, 나아가 성공적인 모임을 통해서 스스로 해냈다는 충실감을 얻고 활력을 얻을 수 있었기 때문이다.

친구들과의 관계도 돈독해지고 그 일로 얻은 만족감이 다른 일에도 분발할 수 있는 의욕과 자신감으로 변해 더 큰 에너지를 얻었다.

그런 까닭에 모임을 기획해보라고 권하고 싶다.

큰 모임을 계획하는 데 자신이 없다면 처음에는 두세 사람이 참석하는 조그만 모임을 가져보자. 친한 친구들과의 단란한 모임을 가져보기만 해도 거기서 좋은 에너지를 얻을 수 있을 것이다.

스스로 나서서 모임을 제안하고 그 모든 준비를 한다. 그 일을 완수했을 때는 틀림없이 뭔가 달라져 있음을 실감할 수 있을 것이다.

오늘부터 실천할 수 있는 의욕의 씨앗 뿌리기
친구들에게 모임을 알리는 메일을 보낸다. 〈5분〉

CHALLENGE 8
행동을 목적으로 하면 두려울 것이 없다

'분위기 좋은 장소를 찾지 못하면 사람들을 실망시킬지 몰라.'

모임의 간사를 맡으라고 하면 이런 생각에 주저하는 사람도 적지 않다. 그밖에도 업무나 사생활에서 크고 작은 여러 목표를 설정할 때에, 지나치게 결과에 집착한 나머지 행동이 굼뜨기도 한다. 그런 때는 먼저 행동하는 것을 목표로 삼는다.

모임을 기획할 경우, 모두를 만족시킬 수 있을까, 분위기 좋은 곳을 찾을 수 있을까, 이런 생각은 하지 말고 모임의 기획자로서 모임을 연다는 목표를 달성할 수 있다면 그것으로 충분하다.

주위의 반응이 어떠했든 모임을 연 자신에게 합격점을 준다.

좀처럼 행동하지 못하는 사람의 대부분이 지나치게 결과에 신경 쓰기 때문으로 자꾸만 발목이 잡히고 마는 것이다.

새로운 기획을 제안하는 데는 용기가 필요하다. 그 결과가 X일지 O일지 알 수 없기 때문이다. X가 되는 것이 두려우면 기획은 아무리 많은 시간이 주어져도 완성되지 못한다.

따라서 처음에는 결과를 염두에 두지 않도록 한다. 결과가 어떻든지 행동할 수 있었다면 그것으로 충분하다.

자신이 생각한 기획이 통과할지 그대로 버려질 것인지에 대하여 생각하지 말고 기획서 제출을 목표로 달성하도록 한다. 그렇게 사고를 전환하면 첫발을 내딛는 게 훨씬 쉬워질 것이다.

그러나 스스로 안이하게 생각하지 않도록 경계한다. 결과가 아닌 행동하는 것을 목표로 삼으면, 자칫 '행동했으니 충분하다'는 안이한 생각을 갖기 쉬워, 어느 결에 행동하는 것에 만족하고 만다.

프로로서 결과에 대하여 책임지는 일이 당연히 가벼울 리 없다. 따라서 처음에는 행동 그 자체를 목표로 시작하지만 차츰 행동하는

데 익숙해졌다면 행동의 결과가 성과로 이어지도록 이번에는 결과를 목표로 달성한다. 그렇게 차츰 좋은 결과를 얻는 성공체험이 쌓이면 자신감도 높아진다.

 **오늘부터 실천할 수 있는 의욕의 씨앗 뿌리기**
모임 장소를 찾기 전에 모임을 알리는 메일을 보낸다.〈5분〉

CHALLENGE 9
공포심과 불안감을 이용한다

과연 그 일이 원활하게 진행될까? 만일 실패하면 어쩌지?

새로운 일을 시작할 때면 으레 공포심과 불안감에 시달린다.

나도 직장을 옮기려 했을 때, 지금보다 상황이 나빠지는 것은 아닐까 하는 두려움에 주저할 수밖에 없었다.

공식석상에서 한마디해달라는 부탁을 받아도 실수할까봐 좀처럼 '하겠다'고 나서지 못한다. 회사를 그만두고 외국으로 나가 공부하고 싶지만 미래가 불안하다.

새롭게 첫발을 내딛으려 할 때 공포심이나 불안감을 끌어안고 있으면 좀처럼 행동할 수 없다.

그러한 때는 과연 어떻게 대처하면 좋을까?

일단 무엇보다 공포와 불안이라는 감정을 직시하고 받아들인다. 이런 감정과 정면으로 맞서는 것에 거부감을 느끼는 사람도 있을지 모른다. 하지만 두려움이라는 감정은 그것이 어떤 것인지 명확하지 않을 때 가장 강렬한 유력을 발휘한다.

그렇기 때문에 공포심과 불안감과 맞서야 한다. 자신의 부정적인 감정을 직시하고 인정하고 받아들이는 것이다.

공포심과 불안감이라는 감정에 나쁜 측면만 있는 것은 아니다. 모든 부정적인 감정은 인간이 자신을 지키기 위하여 발생시키는 것이다. 예컨대 '밤길이 무섭다'는 공포심은 '따라서 밤길은 충분히 조심하자'는 방어책으로 이어지고, '긴장한 탓으로 일을 망칠지 모른다'는 불안감은 '그렇다면 주도면밀하게 준비하자'는 대비책으로 이어진다.

부정적인 감정의 이면에는 반드시 '무엇인가를 위해' 그 감정을 갖는다는 긍정적인 의도가 내포되어 있다.

결국 새로운 일을 시작할 때의 공포심이나 불안감은 얼핏 족쇄처럼 보이지만, 사실 자신을 위한 플러스 α 의 행동을 촉구하는 것이다. 이것을 알면 공포심이나 불안감도 간단히 받아들일 수 있다. 자신의 부정적인 감정을 직시하고 그 뒤에 숨어 있는 긍정적인 의도를 찾는다.

'나는 틀림없이 긴장할 테지만 그래도 좋다', '나는 실패가 두렵지만 그것은 필요한 감정이다'……이런 식으로 인정하고 받아들이면 조금 마음이 편안해진다.

또한 공포심은 동기가 되어주기도 한다. 인간은 두 가지 타입으로 나눌 수 있는데, 공포심이 동기가 되는 타입과 바람이 동기가 되는 타입이다.

회사를 옮기는 경우에 '이대로 회사에 있다가는 구조조정이라도 당하는 게 아닐까?' 하는 '공포심'이 전직의 동기로 작용하는 사람과 '새로운 회사에서 좀 더 멋진 인생을 찾고 싶다'는 '바람'이 전직의 동기로 작용하는 사람이 있다.

'기한 내에 일을 끝마치지 못하면 어쩌지' 하는 공포심이 업무처리 속도라는 측면에서 효율을 높여주고, '이 일이 끝나면 술 한잔하자'는 바람이 의욕으로 이어졌던 경험은 누구에게나 있다.

단, 자신이 어느 쪽 타입에 속하는지 지나치게 집착할 필요는 없다. 왜냐하면 동일한 사람이라도 때로는 공포심이 동기가 되고, 때로는 바람이 동기가 되기 때문이다.

그보다 자신의 타입을 하나로 정하는 것이 아니라, 양쪽 모두를 적절히 이용할 수 있다는 것을 아는 것이 중요하다. 이러한 공포심과 불안감의 특성을 알아두면 새롭게 첫발을 내딛을 때에도 훨씬 넓은 범위에서 응용할 수 있다.

 오늘부터 실천할 수 있는 의욕의 씨앗 뿌리기
공포심을 느끼면 그러한 감정에 감사한다. 〈1분〉

CHALLENGE 10
두렵다면 GO!

공포심이나 불안감을 느끼면 그 이면에 내재된 긍정적인 의도를 다시금 인식하는 것도 하나의 방법이라 말했다. 여기에 또 한 가지 '공포심이나 불안감을 느끼면 그것이 바로 GO 사인'이라는 것도 반드시 기억해두자.

대학을 졸업하고 입사 3년 차가 되었을 무렵에 커리어 디자인 스쿨의 원장직을 맡아달라고 부탁받았다는 이야기는 앞에서 했다.

이때 나는 '과연 해낼 수 있을까? 위험한 도박을 하느니 그냥 출판사에 남아 충실한 미래를 선택하는 것이 낫지 않을까?' 하는 생각에 즉시 제안을 받아들이지 못했다.

그래서 대학 시절의 친구에게 자문을 구했다. 그녀는 회사 임원이 되기 위해 열심히 일해왔는데 그 당시 연기를 공부하겠다며 잘 다니고 있던 회사를 그만두었다. 어떻게 그렇듯 단호한 결단을 내릴 수 있었는지 참고삼아 그녀에게 물었다.

그녀도 연기라는 외길을 걷겠다는 결단을 내리기까지 상당한 고민을 했다고 한다. 그러한 때에 연기지도를 해주던 선생님의 단 한마디가 결정적이었다고 했다.

그 한마디는 다음과 같다.

'두렵다는 생각이 들면, 그것이 GO 사인이다.'

회사를 그만두고 연기라는 만만찮은 길을 선택하기까지 엄청난 공포심과 불안감이 있었을 것이다. 그러면서도 배우가 되겠다는 꿈을 향하여 열심히 연기 공부에 집중할 수 있었던 것은 그녀의 가슴을 두근두근 설레게 만들었던 상황이었다.

무언가를 시작할 때에 두려워하는 감정과 두근거리며 설레는 감정에는 동질, 동방향, 동량의 힘이 작용하고 있다. 그래서 그녀의 지도 선생님은 두렵다는 생각이 들면 그것을 GO 사인이라고 말했던 것이다.

듣고보니 그랬다. 내 경험을 되돌아봐도 두근거리며 설레이던 이면에는 반드시 공포심과 불안감이 있었다.

원활하게 진행되지 못할지도 모른다는 공포심이나 불안감, 그 이면에는 잘될지 모른다며 두근거리는 설렘이 숨어 있다.

야구팬이나 축구팬이 시합에 열광할 수 있는 것도 어쩌면 질지 모른다는 불안이 있기 때문은 아닐까. 절대 질 리 없다고 생각하는 시합은 봐도 특별히 두근거리지 않는다.

성공 or 실패? 승리 or 패배?

어느 쪽으로 전개될 것인지는 해보지 않으면 결코 알 수 없다.

단, 분명히 말할 수 있는 한 가지가 있다. 그것은 해보지 않으면 성공은 없다, 지지 않는 대신에 이기는 일도 절대 없다는 말이다.

그리고 결과를 모르는 상황에서 이겼기에 승리의 기쁨은 몇 배로 커진다. 또한 그때 원활히 진행시키지 못했다고 해도 공포심과 불안감을 극복한 자세는 틀림없이 훗날 자신에게 보탬이 되는 형태로 되돌아온다.

따라서 '두려움을 느끼면 그것이 GO 사인이라' 인식한다.

나는 고민 끝에 공동대표직을 수락했다. 두근거리고 설레는 일에 모든 것을 걸었다.

'수락하길 잘했어.'

지금 그때를 떠올려도 진심으로 그렇게 생각한다. 아직 젊은 나에게 기회를 준 창업자에게 깊이 감사한다.

 **오늘부터 실천할 수 있는 의욕의 씨앗 뿌리기**
'두렵다'는 생각이 들면 그 뒤에 숨어 있는 두근거림을 느껴본다.〈1분〉

CHALLENGE 11
작은 행동이라도 '지금' 할 수 있는 기부의 첫걸음

며칠 전 중국의 소수민족을 지원하는 단체에 기부금을 보냈다.

이전에 출간했던 《항상 의욕적인 영어공부법》의 인세 일부를 기부하기로 했기 때문에, 그것을 실행에 옮긴 것이다. 기부금은 학교 건설, 도서관 건립, 책 기증과 아이들에게 글을 가르치는 데 사용될 예정이다.

내게는 몇 가지 큰 꿈이 있다. 그 중 하나가 재단을 설립하여 문맹률의 퇴치와 같은 개발도상국의 교육에 이바지하는 것이다.

어마어마한 꿈이라 조금도 실현될 것 같지 않다. 그렇지만 엄두가 나지 않는다고 포기하고 아무것도 하지 않으면 꿈은 평생 이루어지지 않는다. 단 한 걸음이라도 꿈을 향해 다가가는 방법은 무엇인가? 지금 내딛을 수 있는 작은 행동은 무엇인가? 이 같은 생각을 거듭한 결과, 일단 기부하기로 했다.

문맹률 퇴치에 대한 아이디어는 편의점 모금을 시작하고 얼마 있다 떠오른 것이다. '편의점 모금'이라는 작은 행동을 실행에 옮기고 나는 과연 무엇을 할 수 있는지에 대한 비전이 구체적으로 보였다.

금액은 아직 적었지만 중국에서는 몇 사람분의 연간 학비에 해당하는 금액이다.

여기에 회사 이익금의 일부와 부부가 돈을 모아 기부하고 있다. 작년에는 아내와 같이 돈을 모아 제자가 일하는 '국경 없는 의사모임'에 기부했다. 재단을 만드는 게 꿈이라 빌 게이츠의 재단인 '빌 & 메린더 게이츠 재단'을 흉내 내어 나와 아내의 이름으로 재단 이름을 적어 보냈다.

그러자 정중히 국경 없는 의사 모임으로부터 '도모코 앤 히로유키 미야케 재단' 앞으로 답례편지가 도착했다.

우리가 기부한 얼마 안 되는 금액이 아프리카 아이들이 마시는 몇 십 킬로리터 분의 물이 된다는 것. 물론 이것으로 만족하는 것은 아니지만, 나로서도 재단을 만든다는 터무니없는 꿈이 어떤 의미에서 현실이 된 순간이었다.

이처럼 목표나 꿈을 이루기 위해서는 지금 할 수 있는 한 걸음을 내딛는 것이 매우 중요하다. 그리고 그 첫 걸음을 내딛을 수 있는지의 여부가 앞으로의 인생을 크게 좌우하는 것이라 믿는다.

목표나 꿈도 마찬가지다. 예컨대 전직하고 싶은 회사가 있다고 가정해보자. 이력서를 보내고 면접을 보는 것도 중요하지만, 그 전에 사옥이 위치한 곳까지 가서 자신의 눈으로 직접 보는 것도 충분히 의미 있는 한 걸음이다.

이른 아침 출근하는 사원들의 분위기를 관찰한다. 어떤 복장으로 출근하는지, 그들의 표정은 어떤지, 어떤 얘기를 나누는지…… 자신의 눈과 귀로 확인해본다.

작은 한 걸음이지만 실행에 옮겨 얻는 것은 매우 크다.

건물이 있는 곳까지 가보는 것은 정말 간단한 일이다. 그러나 의외로 그런 간단한 일을 좀처럼 하지 못한다.

실제로 나는 전직에 대한 조언을 구하는 사람들에게 '면접 전에 회사를 보러 가는 것이 좋다'고 말하고 있다. 그들이 실제로 행동으로 옮기는가, 그 한 걸음이 중요한 것이다.

분명 미리 회사의 건물 따윈 보러 가지 않아도 전직에 성공하는 사람은 많다. 그러나 그러한 작은 행동을 일으키는 습관을 가지고 가볍게 실행으로 옮김으로써 거기서 다시 다른 목적이나 꿈을 향해 나아갈 수 있는 것이다.

그렇듯 작은 행동은 이윽고 큰 목표나 꿈으로 이어진다.

첫 걸음을 내딛고 행동을 일으킴으로써 의욕이 생긴다.

나의 경우 '편의점 모금'을 계기로 회사 차원에서 세상에 공헌할 수 있는 일이 없을까, 생각했다. '회사 차원으로는 커뮤니케이션을 주축으로 사회에 공헌하자. 문맹률 퇴치는 커뮤니케이션에 있어 매우 중요한 일이다. 그렇다면 세계의 문맹률 퇴치를 목표로 하자……'

꿈을 향해 지금 할 수 있는 일을 하는 나를 실감한다면 의욕도 변한다. 꿈에 다가가기 위한 다음의 구체적인 행동을 생각하고, 행동할 수 있게 된다.

이것을 반복하는 것이 꿈을 이루기 위한 지름길이다.

오늘부터 실천할 수 있는 의욕의 씨앗 뿌리기
일하고 싶은 회사의 주소를 홈페이지에서 알아본다. 〈1분〉

제3장
CONTINUE
∷

성장의 꽃을 피우는
좋은 모습으로 살아가고 있는가

CONTINUE 1
습관화는 아침 시간이 유리하다

새롭게 무언가를 시작한다면 아침에 하는 것이 가장 좋다.

나는 대학을 졸업하고 교육 관련 출판사에 취직했다. 그러나 단순히 지시받은 일만 하는 샐러리맨이 되고 싶지는 않았다. 그렇기 때문에 오히려 회사의 일원으로서 지시받은 일을 철저히 해내지 않으면 안 된다고 생각했다.

나는 '하고 싶은 일을 하기 위해 하지 않으면 안 되는 일을 한다'는 것을 사고의 밑바탕에 두었다. 최소한 해야 하는 일도 하지 않은 채 마음에 들지 않은 일은 하기 싫다고 말하는 것은 설득력이 없기 때문이다.

많은 사람들이 알고 있는 바와 같이, 무도武道의 세계엔 수파리 守破離 라는 말이 있다. 우선 스승의 곁에서 철저하게 가르침을 배우고, 거기서 자신 나름의 방식을 가미하여 마지막에는 스승에서 벗어나 자신의 길을 간다는 말이다.

최종적으로 하고 싶은 일을 하기 위해서, 자신만의 것으로 승부하기 위해서, 우선은 지시받은 일을 철저히 하겠다, 그러기 위해 휴일 따윈 필요 없다, 고 생각했다. 이름 하여, '회사원 작전'!

그리고 내가 가장 먼저 시작한 것은 이른 아침에 출근하는 것이었다. 매일 아침 5시에 일어난다. 일어나서 일단 공부한 뒤 아침 샤워를 하고, 아침 식사를 챙겨먹는다. 시간적으로 여유가 있으면 아침부터 까르보나라 스파게티를 만들기도 했다(지금은 좀 더 건강한 식생활을 실천하고 있다).

회사에 도착하는 것은 7시. 아직 안내데스크의 직원도 출근하지 않은 시간으로 경비원 아저씨나 청소하는 아주머니에게 활기차게 인사하는 것부터 시작한다.

아무도 없는 엘리베이터에 오르고, 엘리베이터의 거울을 향해 '오늘도 아자아자!' 하고 외치고 나서 아무도 없는 사무실로 들어서며 '좋은 아침입니다!' 하고 인사하고 업무를 시작한다. 다른 사원들이 출근하는 9시경에는 한차례 업무를 끝낸 상태다.

아침 일찍 출근하는 것은 실제로 매우 바람직하다.

먼저 일하는 데 방해받지 않는다. 말을 걸어오는 사람도 없고, 전화조차 걸려오지 않는다. 집중하는 데 최고의 환경이다.

게다가 모두가 출근하기 전에 끝내자, 아침 미팅이 시작되기 전까지 끝내자, 하는 나름의 마감을 설정하니 업무의 생산성도 높아졌다. 밤에 아무리 해도 끝내지 못한 일이 있을 때는 아침에 좀 더 일찍 일어나서 마감을 설정하면 더욱 집중할 수 있다.

아침에 일찍 출근한 2시간과 잔업 2시간을 비교하면 조기출근 2시간이 단연코 밀도 높은 작업이 가능하다.

그런 나도 예전 한때는 야행성으로 지낸 적이 있다.

샐러리맨 시절도 회사를 설립한 뒤에도 나는 업무와 상관없는 자기계발을 위한 학습시간을 가졌다. 그런데 4년 전 미국의 대학원으로 유학을 계획했을 때는 유학을 위한 시험공부를 준비해야 했고, 나는 근무가 끝난 밤 시간에 책과 씨름했다.

당시 나는 매일 밤 11시부터 새벽 2시까지 시험공부를 하는 습관을 약 1년 6개월 동안 지속시켰고 그 결과 입학시험에는 합격했지만, 그 경험을 통해 아침 시간을 활용하는 것이 가장 바람직하다는 결론을 내렸다. 건강이라는 면에서 생각해봐도 오전 1시부터 3시 사이에는 면역력이 저하되기 때문에 아무래도 밤 시간에는 활동을 삼가는 것이 좋다.

게다가 무엇보다 아침 시간은 의지에 따라 자유롭게 이용할 수 있다. 아침에 일찍 일어날 수 있다면 그 시간에는 누구의 방해도 받지 않고 자유롭게 자신이 원하는 일을 할 수 있다. 밤 시간에는 업무가 이어지거나 접대를 해야 하는 경우도 있어, 뜻밖에 자유롭지 못할 때가 있다.

따라서 어떤 새로운 일을 시작하려 한다면 자신의 의지대로 아무런 방해도 받지 않는 아침을 추천한다. 아침이라면 새로운 습관도 간단히 시작할 수 있다.

아침형 생활의 장점은 일찍 일어남으로써 하루의 리듬과 기분이 개선된다는 것이다. 밤은 아침과 달리 마감 설정이 어렵기 때문에 시간 감각이 늘어진다. 그래서 오전 2시까지 공부한다는 계획이 30분 또는 1시간이 연장되는 일도 빈번히 일어났다.

얼핏 공부시간이 길어져 좋은 듯 보이지만 그만큼 수면시간이 줄어 일어나야 하는 시간에 일어나지 못하고, 다음날 집중력도 확연히 떨어졌다. 결국 효율이 나빠졌다.

그렇지만 아침에는 다른 직원이 출근하기 전에 목표한 일을 끝낸다는 단호한 마감이 설정되어 있어 시간을 마냥 보낼 수 없다. 따라서 강력한 집중력을 발휘하여 할 일을 끝냈고, 그 이후의 업무도 여세를 몰아 순조롭게 진행되었다.

게다가 '오늘도 일찍 일어났다'는 상쾌한 기분이 하루의 순환을 개선한다. 기분 좋은 아침은 그날 하루를 원활히 보낼 수 있는 원동력이 되어 업무도 적극적으로 수행하도록 한다.

 오늘부터 실천할 수 있는 의욕의 씨앗 뿌리기
평소보다 1시간 일찍 출근하여 1시간 일찍 퇴근한다.〈0분〉

CONTINUE 2
일찍 일어나기 위한 특효약은 '굿모닝 메일'

일찍 일어날 수만 있다면 아침 시간을 자유롭게 활용할 수 있다고 말했다. 하지만 '그 일찍 일어나는 것이 가장 어렵다'라고 말하는 사람도 적지 않을 것이다.

기본적으로 아침은 누구에게나 힘들다.

나는 학습 코칭도 하는데, 때때로 일찍 일어나는 습관을 가지지 못해 난감해하는 사람을 종종 만난다.

그런 사람들에게 제안한 방법 중 많은 사람들이 성공을 거둔 것이 바로 '굿모닝 메일'이다. '굿모닝 메일'이란 매일 아침 정해놓은 시각에 '지금 일어났다'고 누군가에게 메일을 보내는 것이다.

간단한 것이지만 그 효과는 매우 놀랍다. 내게 코칭을 받는 사람들은 나의 회사 메일로 굿모닝 메일을 보내도록 했다.

공인회계사를 지망하는 어떤 고객은 매일 아침 6시에 '지금 일어났습니다' 하고 메일을 보낸다. 그 메일에 굳이 회신은 하지 않는다. 그저 그들이 일방적으로 보낼 따름이다.

여기에는 단 한 가지 규칙이 있다.

침대나 이부자리 속에서 휴대전화로 메일을 보내서는 안 된다는 것이다. 반드시 일단 잠자리에서 나온 뒤에 메일을 보낼 것.

이 규칙을 지킨다면 다시 이불 속으로 파고들어 다시 잠이 든다고 해도 상관없다.

가장 바람직한 것은 컴퓨터로 메일을 보내는 방법이다. 컴퓨터를 켜는 사이에 머리가 맑아지고, 메일 발송을 완료한 무렵에는 몸도 잠에서 깨어난다.

만일 전날 밤늦게까지 데이트를 하는 바람에 다음날 평소 기상 시간에 일어나는 게 힘들 것 같은 경우에는 전날 잠자리에 들기 전에 미리 '내일은 평소대로 일어날 수 없다'는 메일을 보내면 된다.

굿모닝 메일로 일찍 일어나는 습관을 갖기 위해서는 이렇듯 '예외'를 설정해놓는 것도 중요하다. 나중에 굳이 변명하지 않아도 되기 때문이다. 따라서 어떤 상황을 예외로 할 것인지는 미리 정해놓자.

굿모닝 메일의 목적이 일찍 일어나는 것만은 아니다.

무엇보다 중요한 것은 이른 시간에 일어나 상쾌한 기분에서 해야 할 과제에 몰입한다는 점이다. 그렇게 그날 하루 기분 좋게 공부나 일을 할 수 있다. 그것이 굿모닝 메일의 최종 목적이다.

물론 매일 일찍 일어날 수 있다면 더할 나위 없겠지만, 예외를 두지 않는 엄격한 규칙으로 일관한다면, 언젠가는 반드시 좌절의 쓴맛을 본다. 의지와 상관없이 기상하지 못하는 날이 기필코 오고야 마는 것이다.

정한 시각에 일어나지 못한 날에는 어김없이 패배감에 젖는다. 아침부터 패배감을 맛본 그날은 종일 무기력하여 공부나 업무에도 영향을 미친다. 엄격한 규칙에 의해 한 번 좌절하면 도미노가 쓰러지듯 의욕을 잃는다. 그리고 포기하려는 마음이 고개를 들고 굿모닝 메일 같은 것 아무래도 좋다는 생각이 든다. 그럴 바에는 규칙을 조금 느슨히 하여 패배하지 않는 상황을 만드는 것이 좋지 않을까.

가급적 기분 좋은 상황을 유지하는 것이 좋다. 그래야 공부나 일이 수월하게 진행되고, 꾸준히 일찍 일어나는 습관을 실천할 수 있다. 비록 정해진 시각에 일어나지 못한 날이 몇 번 있었다고 해도.

일찍 일어나는 습관은 21일간 지속할 수 있다면 신체리듬이 거기에 맞춰져 일어날 시각에 자연히 눈이 떠진다. 따라서 가능하면 휴일도 평일도 같은 시각에 일어나는 것이 좋다.

이렇게 말하는 나도 '일찍 일어나는 게 좋다'고 호언할 입장은 아니다. 다른 사람들에게는 굿모닝 메일을 보내도록 해놓고는 나는 가능한 시간까지 늦잠을 자고 있으니 미안한 일이다. 그래서 나도 매일 아침 일어나자마자 휴대전화로 회사로 메일을 보내고 있다.

'오늘도 최선을 다하자!' 이렇듯 한마디를 보낸 뒤에 의욕적인 하루를 시작하고 있다.

 **오늘부터 실천할 수 있는 의욕의 씨앗 뿌리기**
'내일 아침 ○시에 굿모닝 메일을 보내지 않으면 벌금을 내겠다'고 선언하는 메일을 친구에게 보낸다. 〈1분〉

CONTINUE 3
계속할 수 있는 비결은 과정을 목표로 하는 것이다

　대학시절, 나는 1년 동안 휴학을 하고 중국 베이징으로 어학연수를 떠났다. 유학시절 '왜 나는 중국으로 유학을 왔을까?'라고 자문했던 젊은 날의 기록을 지금도 간직하고 있다.
　그 노트에는 유학을 마음먹은 동기로 다음 몇 가지가 기록되어 있다.

　1. 긴장감이라고는 없는 맥 빠진 대학생활에서 벗어나 100퍼센트 온 힘을 다해 살기 위해
　2. 지금이 아니면 할 수 없는 일을 하기 위해
　3. 주저할 때 공격적인 선택을 하고 싶었기 때문에
　4. 중국의 12억 명과 마음을 나누고 싶다!
　5. 중국어라는 하나의 무기를 갖기 위해

'중국 유학의 목적'이라 할 이 한마디도 적혀 있다.
'큰 남자가 되겠다!'
　그 뒤를 이어서 적혀 있는 것이 큰 남자가 되기 위한 7가지다.

1. 누구에게나 마음을 연다.
2. 타인의 시선은 신경 쓰지 말고, 늘 있는 그대로의 나를 표현한다.
3. 사람을 깔보지 않는다.
4. 누구에게나 배려심을 갖는다.
5. 모두를 사랑한다.
6. 자신에게 엄하고, 결코 포기하지 않는다.
7. 꿈을 갖는다.

지금 다시 읽어도 진지하게 '큰 남자'가 되기를 바랐던 젊은 시절의 풋풋함이 느껴진다. 하지만 당시의 내게는 진심에서 우러나온 목표였다.

또한 대학 안에서 일본어 수업을 듣는 중국인 친구들을 모아서 서클을 만드는 등 어학 학습 이외에도 몇 가지 실행계획을 세웠다.

어학연수를 와서 어학은 공부하지 않고 오로지 큰 남자만 되어 돌아간다면 시시하다. 따라서 어학은 그 누구보다 열심히 공부했다.

내가 다니던 학교는 아침 8시부터 수업이 시작되었다. 다행스럽게 기초반 학생은 단 둘뿐. 나와 또 다른 학생은 그다지 공부에 의욕이 없는 말리 대사관의 대사관 딸이었다. 그녀의 동기를 높이는 데도 협력을 했지만, 결과적으로 그녀가 너무 의욕이 없었던 까닭으로 선생님과 거의 일대일에 가까운 상태에서 공부할 수 있었다.

점심시간은 중국인과 한국인 친구들과 먹고, 기숙사에 돌아온 뒤에는 가정교사를 고용하여 공부했다. 가정교사가 돌아간 뒤에는 매일 오전 2시까지 발음공부를 했다. 학교가 쉬는 날에는 중국인 친구랑 놀러 다닌다.

요컨대 매일이 중국어 공부를 위한 생활이었다.

지금 되돌아봐도 그 일 년 동안 나는 중국 대륙에 있는 그 누구보다도 중국어를 열심히 공부했다고 자신 있게 말할 수 있다. 그야말로 '베이징에 미야케 있다!'며 나의 존재감을 중국 전역에 널리 알리겠다는 뜨거운 열정으로 중국어에 온 힘을 쏟았다.

이 열정이 훗날 내게 큰 힘이 되어주었다.

베이징 공항에 내려선 시점에서 내가 할 수 있는 중국어는 고작 '니하오'와 1부터 10까지의 숫자뿐이었다. 그런데 유학 5개월 만에 중국어를 모국어로 하지 않는 사람을 위한 시험(HSK)에서 중국에 있는 대학에 입학할 수 있는 실력인 7급에 합격하는 데까지 향상시켰다. 여름방학에 실크로드를 여행했을 때는 지방 사람들에게 중국인으로 오해받을 정도였다.

이 이야기를 들려주면 "일 년 동안 용케 동기를 유지했군요"라는 말을 한다.

　어학연수를 경험한 사람들이라면 잘 알겠지만, 일 년 동안 그 나라에서 생활만 해서는 좀처럼 언어를 공부할 수 없다. 실제로 몇 년 동안 있으면서도 인사밖에 못하는 유학생을 여럿 보았다. 유학을 가서 현지에 있다고 해도 강인한 정신력으로 계획적으로 공부하지 않는다면 일 년 만에 언어를 익힐 수 없다.

　어떻게 그토록 열정적으로 공부에 몰두할 수 있었을까. 그 비결은 공부의 '시스템 만들기'에 있었다. 시스템 자체가 어려운 것은 아니었다. 단순하게 무언가를 계속할 때는 '과정을 목표로 한다'는 것이다.

　어학연수생이라면 누구나 '어학을 익힌다'는 목표를 가지고 있다. 물론 나도 '중국어를 말할 수 있게 된다'는 최종 목표를 가지고 있었다. 그렇지만 매일매일의 목표를 구체적인 과정에 두었다.

　예컨대 '기필코 하루 200개의 새로운 단어를 사전에서 찾아 암기한다', '학교에서는 일본인 유학생과 이야기할 때도 일본어는 일절 사용하지 않는다' 등등.

　매일, 매일의 목표나 룰을 설정하고 그것만큼은 무슨 일이 있어도 지키려고 했다.

여름방학에 실크로드를 여행했을 때도 매일 밤마다 반드시 1시간 정도 그날 나왔던 모르는 단어를 전부 찾아 확인하고 나서야 잠을 잤다.

최종적인 목표는 해보지 않고서는 달성할 수 있는지 알 수 없다. 그렇지만 그곳에 다다르기까지의 구체적인 과정은 자신의 의지만 있으면 하나씩 달성할 수 있다. 하루에 새로운 단어 200개를 암기하는 것도, 일본어로 말하지 않는 것도, 그 목표를 눈앞에 두고 힘을 쏟으면 기필코 달성할 수 있다.

'니하오'와 1부터 10까지의 숫자밖에 말할 수 없었던 사람이 느닷없이 '중국어를 말할 수 있게 된다'는 목표를 갖는다는 것은 실로 멀고도 비현실적이다.

따라서 바로 눈앞에 있는, 손을 뻗기만 하면 닿는, 실현 가능한 목표를 설정한다. 그리고 최종 목표에 도달하는 과정을 한 발, 한 발 나아가고 있다고 실감하면서 매일 담담하게 해나가는 것이다.

 **오늘부터 실천할 수 있는 의욕의 씨앗 뿌리기**
목표에 다다르기 위해서 '매일매일 반드시 하는 일' 한 가지를 생각해놓는다.〈3분〉

CONTINUE 4
성장의 꽃을 피우는 작은 습관의 힘

남보다 뛰어난 성과를 만들어내는 사람을 관찰하면 남과 다른 시테크 기술을 가지고 있다는 것을 알 수 있다. 예를 들어 남보다 조금 더 일찍 일어난다, 혹은 플랫폼에서 전철을 기다리는 몇 분 동안도 쉬지 않고 뭔가를 하며 시간을 효과적으로 사용한다.

출판사에서 일할 때 나는 점심시간 1시간을 삼등분하여 사용했다. 처음 15분 동안 식사를 하고, 30분 동안 공부를 하고, 나머지 15분 동안 낮잠을 잤다.

입사한 지 얼마 되지 않았을 때는 동료나 선배들과 식사하러 가 1시간 내내 함께 보냈다. 그러나 식사하면서 주고받는 얘기는 고작 야구 시합의 결과나 다음 휴가를 어디로 갈까 등 늘 똑같은 화제들뿐이었다. 그 시간이 즐겁지 않은 것은 아니었지만 왠지 시간을 낭비하는 것 같았다.

그래서 점심시간에 밥을 먹은 나머지 45분을 나를 위한 시간으로 쓰기로 했다. 점심시간의 공부는 매일 30분. 하루 단 30분이었지만 일주일이 되면 2시간 반, 일 년이 되면 130시간에 이른다.

당시 나는 초중학생 대상의 영어교재를 팔기 위한 DM 제작을 담당하고 있었다. 내용을 생각하고, 지면의 분할을 결정하고, 레이아웃을 생각하고, 인쇄소에 발주하고 고객에게 발송한다. 카피 쓰기와 마케팅 관련 지식은 결코 빠뜨릴 수 없었다.

입사한 지 얼마 지나지 않은 나는 이러한 지식이 턱없이 부족했지만 점심시간에 하는 공부는 업무와 직결되지 않는 것을 선택했다.

업무와 직결되는 것은 선배들이 이미 자세히 알고 있어서 고작 30분 정도로는 그들과 견줄 수 없었다.

따라서 업무와는 직결되지 않지만 알아두면 도움이 되는 내용의 공부를 하기로 했다. 게다가 선배들이 그다지 하지 않는, 다변량 해석이나 최첨단 마케팅에 대하여 공부했다.

물론 공부의 성과는 즉시 나타나지 않았다.

그러나 꾸준히 공부하는 동안에, 지금 있는 부서의 업무에도 도움이 된다, 이런 사고방식은 활용할 수 있다, 고 생각하는 내용이 차츰 나왔다. 활용할 수 있는 내용은 자료를 복사하여 부서에서 회람하기도 했다. 딱히 부탁받은 것은 아니지만 자발적으로 했다.

이것을 계속한 결과, 입사 2년 차가 끝나갈 무렵부터 사내에서 나를 찾는 목소리가 들려왔다. 다른 부서의 부장으로부터 '잠깐 물을

게 있는데 점심이나 같이 하지' 혹은 '우리 부서로 와줘' 하는 제안을 받기도 했다.

그리고 사회인 2년 차 때 기업 연수를 받았을 때다. 회사에서 과장급 사원을 대상으로 한 연수가 열렸을 때, 부장님이 "미야케, 자네가 다녀와. 참가자 모두 과장이지만 이런 건 공부하기 나름이니까"라고 말해주었다.

그리고 기업 연수 마지막에 실시한 프레젠테이션 과제에서 나는 최고점을 받았다. 큰 회사라 참가자도 30여 명, 고작 연수에 불과했지만 경험치가 결과를 낳지 않는다는 사실을 실감하고 나 자신도 세상의 인정을 받을 수 있다는 가능성을 깨달은 순간이었다.

그때 얻은 자신감 덕분에 업무의 질과 처리속도가 한층 향상되었던 것은 기억에도 새롭다.

남과 똑같은 시간 동안 똑같이 일한다면 결과를 창출하기 어렵다. 그러나 다른 방식이라면 그리 어렵지 않게 결과를 만들어낼 수 있다. 작은 습관 하나로 인생을 바꿀 수 있다고 나는 믿고 있다.

 **오늘부터 실천할 수 있는 의욕의 씨앗 뿌리기**
점심시간에 공부한다. 〈5분~〉

CONTINUE 5
여유로운 다짐으로 이겨나간다

무언가를 계속하기 위해서는 과정을 목표로 삼으라고 말했다. 나는 이런 목표를 '다짐'의 형태로 세운다.

예컨대 매일 한 권의 책을 읽자, 이틀에 한 권의 속도로 외서를 읽자, 샤워할 때는 중국어로 혼잣말을 하자, 출퇴근시간에는 반드시 영어듣기공부를 하자, 이런 목표를 세우면 무슨 일이 있든 지키겠다고 스스로 '다짐'하는 것이다.

비즈니스나 학습의 최종 목표를 세우면 거기에 이르는 과정을 '다짐'으로서 달성해간다.

'다짐'은 결코 깨지 않는다, 다짐을 실천하면 여하튼 목표에 이르는 시스템을 만드는 것이다.

이 방법은 일이나 공부에 국한되지 않는다. 무엇이든 계속하려고 할 때 얼마든지 응용이 가능하다.

다이어트의 경우를 생각해보자.

'3개월 뒤까지 5킬로그램을 빼겠다'는 목표를 세웠다. 목표를 달성하기 위해 자전거로 출퇴근하기, 하루 1만보 걷기, 계단으로 다니기, 밤 8시 이후엔 아무것도 안 먹기, 이런 다짐을 중간 목표로서 실천한다.

매일 이 다짐을 덤덤히 지키는 가운데 저절로 체중이 줄어든다.

다이어트를 결심하고도 계속 노력하지 못하는 것은 지나치게 결과만을 신경 쓰기 때문이다.

매일 체중계에 올라 오늘은 1킬로그램이 줄었다, 혹은 50그램이 늘었다며 희비가 교차한다. 동기유지가 쉽다지만 현실적으로는 그리 간단하지 않다. 대개의 경우, 기대했던 결과가 나오지 않으면 곧 의욕을 잃고 주눅 들기 때문이다.

따라서 최종 목표를 향한 과정을 '다짐'이라는 형태로 달성하는 데 주목하는 것이다.

'다짐'은 의지만 있다면 얼마든지 달성할 수 있다. 게다가 다짐을 완수한 뒤에 맛보는 일상의 성취감은 습관을 지속시키는 힘이 된다.

나는 목표 체중에 도달하기까지 건강하게 살을 빼기 위해 '오후 3시 이후는 탄수화물을 섭취하지 않겠다'고 다짐하고 이것을 중간 목표로 삼았다(지금은 현미밥과 야채를 중심으로 세 끼를 먹고 있다).

이때 중요한 포인트가 있다. 다짐이 너무 빡빡해서는 안 된다는 것이다. 어느 정도 넉넉하게 설정되어 의지만 있다면 실행에 옮기고 지속적으로 행동할 수 있는 수준의 다짐이어야 한다. 오후 3시 이후 탄수화물 섭취 금지 정도의 것이라면 매일 실행에 옮길 수 있지만, '탄수화물 일절 금지'라면 체중이 줄어도 곧 육체적으로 지치고 말아 의미가 없다.

또 한 가지 다짐을 지속적으로 실행에 옮기기 위해서는 사전에 분명한 예외 조항을 마련해두는 것도 중요하다. 도저히 거부할 수 없을 때는 오후 3시 이후에도 탄수화물을 마음 편하게 먹는다는 예외 조항을 마련한다.

다짐에 구속당하는 것이 아니라 상정할 수 있는 예외가 있다면 그것을 특별한 경우로서 사전에 인정하는 것이다.

나는 오후 3시 이후 탄수화물을 섭취하지 않겠다는 다짐을 1년간 지켰지만, 내 생일날에는 초밥을 먹었고, 아내의 친정집에 가서는 저녁식사를 즐겼다. 다 같이 모인 식사자리에서 차마 '다이어트 중'이라 말할 수 없었기 때문이다. 이런 경우에는 예외의 경우로 흔쾌히 받아들인다.

단, 다짐의 예외 조항은 엄밀하게 해두지 않으면 안 된다.

안이하게 '업무상 교제라면 오후 3시 이후라도 탄수화물을 섭취할 수 있다'고 애매하게 선을 그으면 조금씩 허용범위가 넓어진다. 업무상 사람들과 만나 술을 마시러 가도 탄수화물을 먹지 않을 방법은 얼마든지 있기 때문이다. 따라서 다짐을 지키지 않아도 되는 경우는 '도저히 거부할 수 없는 경우'뿐이라 정해놓는다.

다짐에 예외 조항을 설정하는 것은 지속적으로 행동하고 목표에 이르는 과정을 기분 좋게 해내기 위해서다. 더욱이 그것은 선순환을 낳는다.

오늘도 다짐한 대로 해냈다는 충실감은 자신을 더욱 적극적으로 만들고 내일도 열심히 하자는 의욕으로 이어진다. 선순환을 유지하기 위해서라도 다짐은 어느 정도 느긋하게, 그러나 엄격하게 설정하는 것이 좋다.

 오늘부터 실천할 수 있는 의욕의 씨앗 뿌리기
다짐에는 사전에 엄밀하게 '예외'를 마련해놓는다. 〈1분〉

CONTINUE 6
목표를 달성하기 위한 나만의 규칙

'1월 6일, 새해를 맞이하여 첫 출근하는 날까지 체중을 61킬로그램으로 만들겠다. 모든 사람들 앞에서 체중계에 오르겠다.'

어느 날 회사의 운영진들 앞에서 나는 이렇게 약속했다.

당시 나는 커리어 디자인 스쿨 모회사의 공동대표를 역임하고 있었다. 20대 후반의 나는 더 젊은 운영진들과 가볍게 이런 약속을 했다. 상당한 노력을 기울일 생각이었는데, 1월 1일 시점에서 체중은 여전히 65킬로그램. 이후 5일 동안에 4킬로그램을 줄이지 않으면 안 되었다.

어려울지 모른다는 생각이 들어 정초 3일간은 하루에 과일 한 개로 버텼다. 휴가가 끝나기 하루 전날에는 사우나에 가서 땀을 흘리는 등 철저히 체중을 빼기 위한 노력을 했다.

그렇게 간신히 61킬로그램이 되었다. 그런데 물을 한 컵이라도 마시면 그것으로 약속은 지키지 못하게 된다. 아니, 옷을 입기만 해도 위태로운 상황이었다. 1월 6일 아침, 나는 고육지책으로 출근하기 전에 헌혈하기로 했다.

"아침식사는 하셨어요?"

"아니, 좀 사정이 있어서 안 먹었어요."

솔직히 대답하자 '그러면 피를 뽑을 수 없다'며 빵과 주스를 건넨다. 나는 그것을 받아들고 뒤에서 먹는 척을 하고 간신히 피를 뽑았다(위험하니 절대 따라하지는 말자).

열심히 연기한 보람이 있어서 운영진과의 약속을 간신히 지켰다.

운영진과의 가벼운 약속에 그렇게까지 호들갑을 떨 필요는 없지 않은가. 이렇게 생각하는 사람들이 많을 것이다.

그런데 이 약속을 지키지 못하면 모두들 앞에서 팬티만 입고 사진을 찍겠다고 호언장담을 했기 때문이다.

대단하지는 않지만, 엄연히 회사와 학원의 대표자로 있고, 운영진과의 약속을 지키지 못한 데다 속옷 차림(난 통통하다)으로 카메라 앞에 설 입장이 못 되었다. 게다가 직원들 앞에서 '실패했다'고 말하기는 죽기보다 싫었다.

영화 〈내일의 조〉처럼 피를 빼고서라도 감량해야 했던 이유는 그 때문이다.

나는 어떤 일을 해내야 하는 경우 이런 식으로 스스로 규칙을 떠안긴다. 제멋대로 규칙을 만들고 그것을 지킨다.

그런데 의외로 '규칙'을 정함으로써 실행하게 된다.

●밤 11시 20분부터 아침 6시 20분까지 잠자는 시간을 제외하면 결코 침대에 눕지 않는다. 단, 책상에 엎드려 자는 것은 상관없다.
●고기는 먹지 않는다. 단, 다른 사람과 먹는 라면 수프는 상관없다.
●휴대전화로 메일을 하는 것은 시간 낭비라 하지 않는다. 단, 아

내와 연락을 취하는 경우는 예외다.

이런 식으로, 규칙에 '예외 조항'을 달아두는 것이 포인트이다. 규칙을 지키기 위해서는 예외를 엄밀하게 설정해두는 것이 효과적이다. 오히려 예외를 설정해두면 허들의 높이를 낮춰 기필코 지켜야 한다며 스스로를 독려한다.

나는 책상에 엎드려 자는 것은 상관없다는 예외를 활용하여 7시간 동안 책상에 엎드려 잤던 경험도 있다.

더욱 효과적인 결과를 이끌어내고 싶다면 규칙을 지키지 못했을 경우에 '팬티 차림으로 사진을 찍는다'와 같은 벌칙을 스스로 부과하는 것도 좋다.

예를 들어 일찍 일어나는 습관을 갖고 싶다면 앞에서 말한 것처럼 친구에게 '매일 아침 6시에 일어나 이메일을 보낸다고 약속하고, 그것을 지키지 못하면 벌금으로 3,000엔을 내겠다'고 선언한다.

벌칙이 뒤따르는 규칙의 효과는 절대적이다.

오늘부터 실천할 수 있는 의욕의 씨앗 뿌리기
목표를 달성하기 위한 행동 규칙을 한 가지 생각한다.〈3분〉

CONTINUE 7
목표에 이르는 과정을 즐긴다

공부든 일이든 무언가를 계속하기 위해서는 과정을 즐기는 것이 중요하다.

'이 역경을 극복하면 틀림없이 성장할 수 있다. 그러니 최선을 다하자!' 이렇듯 의욕에 불타보지만 뜻밖에도 그리 오래 지속되지는 않는다. '역경'에 사고의 초점이 맞춰지면 의식은 노력하는 과정을 고통스럽게 받아들인다.

시험 전날의 벼락치기 공부처럼 단거리 경주라면 상관없지만, 대개 공부나 일은 마라톤 같아서 목표 지점에 곧 다다를 수 없다. 그런 때는 목표 이후의 '즐거움'을 추구하며 현재를 고통으로 느끼며 달리기보다, 달리는 것 자체를 즐기는 편이 더 오래 달릴 수 있다. 그리고 과정 자체를 즐기는 데 빠뜨릴 수 없는 것이 환경 만들기다.

20대 중반에 회사의 대표가 되었을 때, 나는 1년 반 정도를 회사에서 생활했다. 회사의 대표라면 듣기에는 멋질지 모르지만 실적이라는 면에서는 혹독한 자리임에 틀림없기 때문이다.

해야 할 일은 산더미처럼 많아 매일 집에 들어갈 시간적 여유도 없었다. 그래서 아예 회사에서 생활하자고 생각했다. 밤에는 사무실 구석에 침낭을 펴고 잤다. 식사는 근처 편의점이나 레스토랑에서 해결하고, 세탁은 코인 세탁으로 처리했다. 객관적으로 보면 비참한 생활이었지만 스스로 쾌적하다고 최면을 걸었다.

사무실이 도쿄의 아오야마에 있어 매일 아침 하라주쿠에 있는 스포츠센터를 다녔다. 하루의 업무를 시작하기 전에 한바탕 조깅으로 땀을 흘리고 실외 자쿠지(물거품이 일도록 설계된 욕조-역주)에 들어가는 것이 일과였다.

달리고 땀을 흘리고, 자쿠지에 들어가 아침 햇살을 받으면서 여유로운 시간을 보낸다. 이 순간, 나는 마치 인생의 승자와 같은 기분을 맛봤다.

"이런 생활을 하는 나, 너무 우아한 것 같아."

회사에서 먹고 자는 현실은 달라진 게 없는데 일부러 이렇게 생각했다.

매일 같이 엄청난 양의 일에 쫓기면서도 문제없이 해낼 수 있었던 것은 환경 만들기와 자기최면 덕분이었다.

눈앞에 놓여 있는 일을 해내는 것도 중요하다. 하지만 쾌적한 환경에 의해 불현듯 긴장이 풀리는 순간이 있다. 기분 좋은 환경 속에 있다고 실감하는 순간이 있다.

이것이 일에 대한 의욕도 고취시킨다.

공부도 마찬가지다. 기분 좋은 환경에서 공부하는 게 훨씬 능률이 오른다.

회사에서 숙식을 해결하던 시기에 나는 매일 밤마다 일을 마친 뒤 사무실에서 미국의 대학원으로 유학가기 위한 시험공부를 시작했다. 근무가 없는 날에는 집에서 멀리 떨어져 있는 히로미의 도서관까지 찾아가서 하루 종일 틀어박혀 공부했다. 물론 집 근처에도 도서관은 있었지만, 나는 일부러 전철을 타고 히로미까지 갔다. 왜냐하면 내게 있어 그곳이 기분 좋은 환경이었기 때문이다.

히로미 역에서 내려 멋스러운 카페나 슈퍼마켓이 있는 길을 지나 히로미 공원에 들어선다. 나무들 사이의 계단을 올라 도서관에 닿는다. 도서관에는 공부에 집중한 친구들이 있다. 그곳에 이르는 과정까지 포함하여 기분 좋은 공감이 그곳에 있었다.

목표달성을 위해 해야 하는 일이 있지만 좀처럼 계속할 수 없는 사람은, 먼저 기분 좋은 환경 만들기부터 시작해보는 것이 어떨까?

 **오늘부터 실천할 수 있는 의욕의 씨앗 뿌리기**
마음에 드는 장소 한 곳을 정한다.〈1분~〉

CONTINUE 8
스톱워치를 사용하여 공부의 '선수'가 된다

―넥타이를 매면 업무 모드로 바뀐다.

―구두를 닦으면 왠지 의욕적이 된다.

아주 사소한 행동이나 소도구가 긴장감을 불러일으킨다. 누구에게나 이런 것이 있다.

나는 공부할 때 반드시 스톱워치 기능이 달린 손목시계를 사용한다. 스톱워치의 버튼을 누르면 몸도 마음도 자연히 공부 모드로 바뀐다.

스톱워치를 이용해 시간과 공부할 양을 설정하면 집중력이 높아진다. 5분간 영어단어 20개를 외운다, 20분간 문제집 5페이지를 푼다, 고 정하고 스톱워치로 그 시간을 측정하는 것인데, 매우 유효한 방법이다.

오랜 시간 공부할 때도 50분간 공부한 뒤 10분간 휴식을 취한다. 이것은 일할 때도 마찬가지다.

50분간 공부(또는 일)하고 멈추기 싫을 때도 있을 것이다. 그래도 계속하지 말고 10분간 반드시 휴식을 취하자. 그러면 조금 더 하고 싶었다, 는 욕구불만이 10분의 휴식 뒤에 집중력을 높여 다시 50분간 일에 몰두하게 한다.

쉬지 않고 공부하는 시간을 한 시간 반으로 늘려도 좋겠지만, 그럴 경우 몹시 지쳐서 다음엔 30분을 쉬어야 한다. 따라서 50분간 일하고 10분간 쉬는 사이클이 잘 지켜지도록 한다.

엄밀히 말하면 50분 중 마지막 5분은 지금까지 해온 학습 내용을 복습하는 시간이다.

심리학자 에빙하우스에 의하면, 사람은 무언가를 새롭게 기억해도 1시간 뒤에는 그 중 56퍼센트를 잊고, 24시간 뒤에는 74퍼센트를 잊는다고 한다. 단, 잊기 전에 반복하면 망각의 확률은 줄어든다.

망각의 메커니즘을 이겨내기 위해서는 마지막 5분 동안 반드시 복습하도록 한다.

시간을 재기만 하는 것이라면 굳이 스톱워치가 아닌 보통 시계도 좋지 않을까? 이처럼 생각하는 사람도 있을 것이다. 그래서 오히려 나는 스톱워치를 고집한다. 그것은 1초까지도 엄밀하게 측정하는 습관을 갖기 위해서다.

시험 볼 때 '1초가 부족해서 불합격'당하는 경우도 있다. 실전의 시간감각을 익히기 위해서라도 스톱워치는 유효하다.

게다가 비록 1초일지라도 멋대로 사용했다가는 마음가짐이 흐트

러질 가능성도 있다. 공부시간과 학습량을 설정해도 '달성하지 못해도 상관없다'는 생각을 하게 된다. 그런 이유에서 1초를 정확히 측정하는 스톱워치 기능이 굳이 필요한 것이다.

적당한 긴장감을 갖고 초 단위의 시간에 집요하게 매달려 공부한다. 이런 나의 모습은 그야말로 공부하는 '선수'다.

내가 애용하는 것은 스위스에 갔을 때 발견한 스톱워치 기능이 달린 손목시계다. 기내 광고로 본 디자인이 마음에 들어서 제네바 거리를 샅샅이 뒤져 구입했다.

공부에 집중하기 위해서 기분 좋게 사용하는 도구를 갖춘다. 이것은 앞에서 얘기했듯이 기분 좋은 환경을 만드는 것이다.

지인 중 한 사람은 며칠 전에 1만 엔이나 하는 스톱워치를 구입했다며 의욕에 넘쳐 있다. 꼭 값비싼 것을 장만해야 한다는 말은 아니다. 이처럼 고집스럽게 기분 좋은 환경 만들기는 의욕을 북돋아주는 중요한 요소 중 하나다.

마음에 드는 스톱워치를 곁에 두고 일류 선수인 양 공부를 시작해 보자.

 **오늘부터 실천할 수 있는 의욕의 씨앗 뿌리기**
스톱워치를 사러 간다.〈5분〉

CONTINUE 9
슬럼프는 성장 직전에 오는 법이다

영어회화를 시작했지만 좀처럼 실력이 붙지 않아 도중에 포기했다. 자격증을 취득하기 위해 공부했지만 도중에 던져버렸다.

목표를 향해 애쓰는 가운데 이런 경험을 적지 않게 한다.

공부에는 반드시 제자리에 머무르는 시기가 있다. 막 시작하는 무렵은 학습내용의 신선함과 더불어 의욕, 미래에 대한 희망이 있기에 공부도 재미있다. 새로운 지식을 점차 흡수하는 것 같아서 가슴이 설레기도 한다. 그런데 어느 정도 시간이 흐르면 학습에 대한 권태감이 고개를 든다. 공부에 대한 성과도 실감할 수 없고 미래에 대한 희망도 점차 옅어진다.

이른바 슬럼프 상태에 빠지는 것이다. 여기서 좌절하는 사람이 많다. 그러나 슬럼프는 성장 바로 직전에 와 있다는 신호다. 이것을 극복하면 한 단계 위로 성큼 오를 수 있다는 예고다. 슬럼프는 디딤돌 위에 올라서 있는 상태다. 디딤돌은 평평하지만 그것을 딛고 오르면 한 차원 다른 세상이 열린다. 위로, 위로 오르는 계단이 이어져 있다.

따라서 슬럼프 상태에서는 참고 견디는 것이 중요하다.

슬럼프를 빠져나오면 눈앞의 경치가 확 달라지는 순간이 찾아온다. 예컨대 영어회화도 어느 순간 귀에 쏙 들어오는 순간이 기필코 오고야 만다.

결국 슬럼프에 빠져 있다면 '곧 성장'할 것이라 믿고 참고 견뎌야 한다. 어느 정도 성장할 것인지는 지금까지 기초를 얼마나 철저히 다졌는가에 따라 다르다. 기초가 철저할수록 앞으로의 성과도 역시 큰 것이다.

나는 대학입시를 위해 1년간 재수했다. 1년 동안 입시학원의 '게이오 문과 엘리트 코스'를 밟으면서 절로 머리가 좋아진 것 같은 착각이 들었다.

이때 나는 학원교재로만 공부하고 수업에도 절대 게으름 피우지 않았다.

학원 선생님은 확연히 두 타입으로 나뉜다. 인기 있는 선생님과 그렇지 않은 선생님이다. 인기 있는 선생님의 교실은 늘 자리가 가득 차고, 반대로 인기 없는 선생님의 교실은 차츰 학생이 준다.

그러나 나는 어떤 선생님이든 그 분야의 프로라 믿고 수업에 따랐다. 인기가 있든 없든 가르치는 내용이 틀렸을 리 없다. 그래서 그 가르침에 따랐다. 제멋대로 변형하거나 생각하는 것은 재수생이던 내게 시간 낭비일 뿐이다. 그래서 수업만큼은 꼬박꼬박 받았다.

그 결과, 제1지망 대학에 입학할 수 있었다.

입시학원에서 가르치는 것은 기초적인 것이다. 그러나 의외로 여러 방법을 시도하다가 기초를 얕잡아보고 놓치는 사람이 많다. 수업은 초창기 200명에 이르렀지만 결국 남은 것은 나와 선생님뿐으로 일대일 수업을 받은 적도 있었다.

프로의 가르침을 곧이곧대로 받아들인다. 기초를 철저히 공부한다. 참고 견디며 이렇듯 노력하면 어느 순간 슬럼프에서 벗어날 것이다.

 오늘부터 실천할 수 있는 의욕의 씨앗 뿌리기
하고 싶은 일과 관련 있는 학원을 인터넷으로 알아본다.
〈5분〉

CONTINUE 10
기초를 철저히 할 때 압도적인 차이를 낳는다

며칠 전, 늘 내게 힘이 되어주는 아내와 함께 가나가와 현의 오쿠유 강변으로 여행을 갔다.

여장을 푼 곳은 고급스러운 여관이었다.

익숙하지 않은 여관의 모든 것은 감동적이었다. 요리도 굉장히 훌륭했다. 맛은 물론 아름다운 그릇에 기품 있게 담긴 모습도, 계절의 운치가 그대로 느껴지는 식재료를 이용한 것도 좋았다. 요리를 내오는 타이밍도 절묘하여 뜨거운 것은 뜨거울 때, 차가운 것은 차가울 때 먹었다.

방의 설비도 서비스도 모든 것이 마음에 와 닿았다. 그러나 무엇보다 내가 이 여관에 가장 감탄한 것은 기본에 철저하다는 것이었다.

된장국의 맛, 방의 정갈함, 종업원의 인사, 어찌 보면 당연한 것들이 '질적으로' 압도적으로 달랐다. 부족한 점이 단 한 곳도 없었다.

이 여관이 일류인 이유는 여기에 있다. 결국 기초를 철저히 한 결과인 것이다.

이것은 공부나 스포츠, 일에도 통하는 얘기다. 똑같이 공부(혹은 스포츠나 일)해도 사람에 따라서 그 결과는 전혀 다르다. 그 차이는 바로 기초를 얼마나 철저히 했는가에 따른다. 기초를 철저하게 한 사람이 결과를 낳고 기초에 소홀한 사람은 결과를 낳지 못한다.

두 사람의 차이는 처음에는 그리 크지 않을지도 모른다. 그렇지만 기초를 소홀히 한 사람은 어느 순간 더 이상 성장하지 못하고 제자리걸음을 걷는다.

여기에는 기초의 기초도 포함된다. 어떤 업종에든 공통되는 기초, 인사 잘하기, 지각하지 않기, 신속한 응답……이 여기에 해당한다. 우편물이나 전표에 상대의 이름과 주소를 또박또박 기입하는 것도 여기에 해당한다.

공부할 때는 노트나 교재에 밑줄을 긋는 것도 깔끔하게 처리한다. 따라서 노트나 교재를 보면 그 사람이 지금 성장하고 있는지 아닌지를 대충 알 수 있다.

성장 중인 사람은 지나치다 싶을 정도로 성실하다. 성장하지 않는 사람은 전체적으로 난잡한 느낌이 든다. 그렇지만 노트를 깨끗이 적는 것 자체가 목적이 되어버린 사람 역시 성장하지 못한다.

스포츠의 경우 가장 기초가 되는 것은 용품 관리다. 야구선수인 이치로 선수가 초등학생 시절부터 자신의 글러브를 정성껏 닦았다는 에피소드는 유명하다. 그것은 메이저리그에서 활동하고 있는 지금도 빠뜨리지 않고 있다고 한다.

이들 기초—결국 하려고만 하면 누구든 할 수 있는 것을 철저히 하는 것이 최종적으로 결과를 낳는 것이다.

그런데 기초에 의해 얻어지는 성과라는 것은 좀처럼 눈에 보이지 않는 경우가 많아 무심코 소홀해지기 일쑤다. 인사를 잘해도 그것만으로 승진하지는 못한다. 야구 글러브를 열심히 닦아도 그것만으로 이치로 선수처럼 일류선수가 되지는 않는다.

그래도 해야 한다. 기초에 진지하게 힘을 쏟는 동안에는 전혀 도움이 되지 않는 것처럼 보이지만 훗날 엄청난 차이를 낳는다.

이것은 이론적으로는 누구나 알고 있다. 그러나 구체적으로 지금 어떻게 하면 좋을지는 알지 못한다.

하루에 1퍼센트씩 1년간 성장했다고 가정해보자. 그러면 1년 뒤에는 1.01을 364회 곱한 것만큼 성장한다.

1.01의 364승. 물론 하루 1퍼센트의 성장은 상당히 큰데, 이 속도로 성장하면 1년 뒤에는 얼마만큼 커져 있을까?

계산 프로그램을 사용하여 곡선 그래프를 그려보면 잘 알 것이다. 매일 1퍼센트씩 성장하면 1년 뒤에는 1이었던 자신이 40배로 성장해 있다.

기초라 말하는 것들은 모든 사람이 할 수 있는 일이기도 하다. 부단히 성장하기 위해 모두가 하지 못하는 일을 할 필요는 없다. 그저 기초를 철저히 한다. 누구나 할 수 있는 일을 철저히 한다. 누구든 할 수 있는 일을 그 어느 누구보다 철저히 한다.

그러면 어느 시점부터 급격하게 성장해간다. 그리고 최종적으로 목표에 이르러 있는 자신을 깨달을 것이다.

 **오늘부터 실천할 수 있는 의욕의 씨앗 뿌리기**
내일 일정을 최대한 깔끔하게 적어본다. 〈1분〉

CONTINUE 11
앞으로 1분, 도전해보라

'기획서를 작성해야 하는데 왠지 그럴 마음이 생기지 않는다.'
'승진시험을 위해 공부해야 하는데 왠지 기력이 없다.'
눈앞에 놓여 있는 일을 해야 하지만 도무지 의욕이 생기질 않아 난감한 경험을 때때로 하게 된다.

내가 지도하는 학생 중에도 간혹 '어젯밤에는 공부할 마음이 전혀 생기질 않았어요'라고 말하는 사람도 있다.
그럴 때마다 나는 묻는다. '그저께 밤 스스로 납득할 만큼 공부했나요?' 자신이 정한 시간까지 목표한 분량만큼 공부했는지, 문제집은 생각했던 페이지까지 제대로 끝마쳤는지, 그저께 했던 일의 세밀한 부분까지 꼬치꼬치 묻는다.

왜 이런 절차를 밟는가 하면, 의욕이 생기지 않는 원인이 흔히 그 전날에 있는 경우가 많기 때문이다. 전날 해야 할 양을 하지 않았거나 도중에 포기해버리면 다음날 좀처럼 의욕의 엔진에 불이 붙지 않는다.

반대로, 해야 할 과제를 해내고 '오늘은 정말 열심히 노력하여 목표량을 달성했다'며 기분 좋게 하루를 마치면 다음날에도 의욕적으로 시작할 수 있다. 그날 기분 좋게 공부하기 위해서는 그 전날 충실감을 느끼며 그날의 공부를 마치는 것이 중요하다.

그래서 나는 학원 수강생이나 학습 코칭을 해주는 사람들에게 이렇게 권한다. '집에서 공부할 때는 이제 그만둘까 하고 생각한 시점에서 1분 더 공부해보라'고. 그때까지 얼마나 공부했는지는 상관없다. 5분 정도밖에 공부하지 않았을 때도, 3시간 내내 공부했을 때도, 1분 더 공부한다. 1분간 온 힘을 다해 노력하고 기분 좋은 상태에서 끝마친다.

근육 트레이닝은 힘들다고 생각한 이후에 비로소 그 운동으로 인해 근육이 만들어진다고 한다. 이것과 마찬가지로 학습의 성과도

'한계에 이르러 거기서 한 걸음 더 내딛으면' 훌쩍 성장한다. 따라서 '더 이상 머릿속에 들어오지 않는다'고 생각한 시점에서 다시 1분간만 노력해본다.

내일을 순조롭게 시작하기 위해서라도, 학습성과를 향상시키기 위해서라도 '1분 더' 노력함으로써 큰 효과를 얻을 수 있다.

 오늘부터 실천할 수 있는 의욕의 씨앗 뿌리기
오늘 '1분 더' 노력해본다.〈1분〉

CONTINUE 12
세상 끝에서도 인간은 고독하지 않다

공부나 일은 고독한 작업이다. 동료와 나란히 책상에 앉아 있을 때도, 팀으로 일해도, 주어진 과제에 매달려 있을 때는 기본적으로 혼자다. 결국 공부나 일로 성과를 만들기 위해서는 고독과 싸워서 이겨야 한다.

만일 유학을 갔다면 그 고독감은 한층 강하다. 가족이나 친한 친구들 곁을 떠나 낯선 이국땅에서 생활한다. 주위에는 온통 낯선 사람들뿐이다. 습관도 문화도 생활을 더욱 고독하게 만든다.

그 고독에 견디다 못해 일본인 유학생들과 몰려다니다 결국 일본에서 생활하는 것과 그다지 다르지 않은 일상을 보내는 유학생도 여럿 보았다.

그런 점에서 나의 중국 유학은 상당히 혜택 받은 경우다.

내가 유학을 간 학교는 그 해부터 유학생을 받기 시작한 탓에 입학 당시 일본인이라고는 나밖에 없었다.

좌우 분간도 못했고 사전을 아무리 찾아도 선생님이 대체 무슨 말을 하는지 종잡을 수 없었다. 일본어로 상담할 상대도 없어 스트레스는 이만저만이 아니었다.

그러나 역경과 맞선 덕분에 오히려 필사적으로 공부할 수 있었다. 일본어도 사용하지 않고 지낼 수 있었다.

중국에 유학을 간 지 3개월이 되었을 때다.

겨우 생활할 정도로 중국어를 습득했을 무렵 학교에서 노래자랑이 열리게 되었다.

"노래자랑 대회가 있는데 나가볼래?"

중국인 친구가 제안했다.

나는 주저하지 않고 "나가겠다"고 대답했다.

특별히 노래에 자신이 있었던 것은 아니지만, 이것을 계기로 더 많은 친구가 생길지 모른다. 그리고 무엇보다 '유학 중에는 무엇이든 해본다'는 목표도 세워 놓은 터였다.

그런데 노래자랑 대회가 열리는 당일 회장에 들어간 나는 완전히 풀이 죽고 말았다. 노래자랑이라 해서 교실에서 열리는 조그만 이벤트로 고작 3, 40명 정도의 관객 앞에서 치러지는 조용한 이벤트일 것이라 생각했다.

그런데 노래자랑 대회가 열리는 곳이 학교 대강당이었던 것이다. 좌석은 콘서트장처럼 완만한 경사에 2,000명 정도의 학생이 빽빽이 앉아 있었다. 노래자랑 대회는 가장 큰 학교 행사였던 것이다.

"헉! 이렇게 큰 대회였어?"

따져 묻고 싶었지만 중국어를 몰라 화를 낼 수도 없었다. 마음속으로 일본어로 소리쳤다.

이런 상황은 예상도 하지 못했다. 하지만 할 수밖에 없다.

마침내 내가 노래할 차례가 돌아왔다.

준비해온 나가부치 쓰요시의 《건배》를 일본어로 불렀다. 이 노래는 중국에서도 널리 알려져 있는 노래다. 그러자 노래가 2절에 접어든 무렵부터 객석에서 박수가 들려왔다. 점차 박수 소리가 커지고 마지막에는 2,000명이나 되는 사람들이 내 노래에 맞춰 박수를 치고 있었다.

노래가 끝난 뒤에도 객석에서는 우렁찬 박수 소리가 끊이지 않았다. 박수의 여운으로 멍한 상태에서 무대를 내려왔다. 몇 명 친구들이 '응원하러 왔다'며 달려왔다. 그중에는 한국인 유학생도, 중국인 친구도 있었다.

이때 깨달은 것이 있다.
나는 결코 고독하지 않다는 것을.

그때까지 나는 유학을 와서 홀로 애쓰고 있다고 생각했다. 고독과 싸워 이기기 위해 필사적이었다. 그러나 실제로는 그렇지 않았다. 많은 친구들이 나를 응원해주고 있다는 사실을 깨달았다.

곰곰이 생각하면 나를 지지해준 것은 주위에 있는 친구만이 아니었다. 유학 경비를 부담해준 부모님, 유학하는 데 아낌없이 응원해준 일본의 친구들과 당시의 내 여자친구.

그 사실은 비록 우주 끝에서도 변하지 않을 것이다. 사람은 어디에 있든 결코 외롭지 않다.

공부나 일을 묵묵히 해내는 동안 불현듯 고독이 밀려오는 순간이 있을지도 모른다. 그리고 고독이란 놈에게 무릎을 꿇을 때도 있을지 모른다. 그럴 때는 자신을 응원해주는 사람들의 얼굴을 떠올려 보자. 그러면 저절로 조금만 더 힘을 내보자는 생각이 들 것이다.

 오늘부터 실천할 수 있는 의욕의 씨앗 뿌리기
자신을 응원하는 세 사람의 이름을 말해본다.〈1분〉

제 4 장
WRITE

::

쓰는 습관으로 성장을 발견하고 인생을 탐구하자

WRITE 1
작심삼일로 끝나지 않는 일기 작성법

나는 중학교 2학년 때부터 약 20년 가까이 일기를 쓰고 있다.

이 이야기를 하면 누구나 이런 질문을 던진다. "일기를 꾸준히 쓰는 요령이 뭐죠?" 그렇게 묻는 사람들의 대부분은 분명 일기를 쓰다가 좌절한 경험이 있을 것이다.

꾸준히 일기를 쓰는 요령은 사실 너무 간단하다.

그것은 '매일 쓰지 않는 것'이다.

물론 매일 쓸 수 있다면 좋을 것이다. 그렇다고 매일 쓰는 것에 집착할 필요는 없다.

일기장 군데군데 텅 빈 공간으로 남겨져 있어도 상관없다. 그저 일기를 쓸 수 있을 때는 쓰는 습관을 들이면 결코 좌절하지 않는다. 따라서 일기도 꾸준히 적을 수 있다.

나는 하루걸러 쓰거나 때로는 일주일 내내 쓰지 않을 때도 있다. 심지어 반년 동안 쓰지 않아 일기장이 거의 텅 비어 있기도 했다. 그래도 지금은 20권 째 일기장을 쓰고 있다.

일기는 많은 사람에게 반드시 권하고 싶은 습관이다.

이유는 몇 가지가 있는데, 가장 큰 이유는 일기를 쓰는 동안에 사고가 깊어진다는 점이다. 일기에는 그 사람이 그 시절에 어떤 것에 최우선 순위(1st Priority)를 두었는지를 잘 알 수 있다. 최우선 순위란 '그때 자신이 우선 순위의 가장 높은 곳에 둔 것'을 말한다.

좋아하는 사람이 생겼다면 일기는 좋아하는 사람에 대해서만 쓸 것이고, 일에 흠뻑 빠져 있다면 일 중심의 일기가 될 것이다. 육아 중인 사람은 아이 이외의 일은 좀처럼 적지 않을지도 모른다.

내가 중학교 2학년 때 일기를 쓰게 된 계기는 같은 반 여자 아이를 좋아했기 때문이다. 필연적으로 일기의 내용은 온통 그녀에 대한 것들이었다. 그녀가 당시 나의 최우선 순위였던 것이다.

오늘은 그녀와 이런 이야기를 했다, 그런 아무 쓸데도 없는 것을 내내 적었다. 그러나 다시금 읽어보면 때때로 멋진 말을 발견하기도 한다.

중학교 졸업을 앞둔 어느 날의 일기에는 이런 말이 적혀 있었다.

- 고백하는 자신과 하지 않는 자신 중 어느 쪽이 더 좋은가?
- 고백의 성공여부는 지금의 내게 정말 중요한가?
- 결과보다도 행동하는 것이 중요한 것이 아닐까?

나는 무언가를 망설일 때 '내가 어떤 행동을 하는 게 좋은가?'를 판단기준으로 삼는다고 앞에서도 말했는데, 이 사고방식은 이미 중학교 2학년 때부터 내 안에 싹텄던 것이다.

당시 나는 이런 마음을 먹기까지 심사숙고했을 것이다. 그것이 당시의 나로서는 가장 중요한 일이었기 때문이다.

사람은 자신이 정말 중요하다고 생각하는 것에는 진지하게 생각한다. 나의 경우 그런 '생각의 장소'로서 일기를 활용했던 것이다.

일기를 쓰면서 가치관, 앞으로 어떤 삶을 살아야 하는지에 대한 삶의 지침 같은 것을 생각했다. 결국 일기를 쓰면서 중요한 사람이나 사물에 대하여 진지하게 사고하고, 그 결과 사고가 깊어진다. 이것이 일기를 권하는 가장 큰 이유다.

일단 나의 일기 작성법에 대하여 몇 가지 소개해보려 한다.

먼저 기억해둬야 할 것은 앞에서도 말하였지만, 억지로 매일 쓰려고 하지 않는 것이다. 그때 사고의 가장 큰 부분을 차지하고 있는 사항에 대해서 쓰고 싶은 것을 쓰고 싶을 때에 쓰면 된다.

일기를 쓰는 재미 중 하나는 자신의 과거를 되돌아보고 자신이 이전에는 무엇을 어떻게 느꼈는지, 어떻게 생각했는지, 또 어떻게 변했는지를 발견하는 데 있다. 단 한 달이라도 적어보면 일기 쓰기의 재미를 이해할 수 있을 것이다.

또한 일기는 아무에게도 보이지 않는다.

블로그의 일기처럼 누군가에게 '보이는 것'을 전재로 하여 쓰면 자신도 모르는 사이에 자신을 꾸미게 된다. 자신의 진정한 모습을 보기 어려워진다.

보이려 하기에 긴장감 있는 일상을 보내려는 의식을 갖게 되는 효과도 있지만, 자신의 진심과 맞서기 위해서는 꾸미지 말고 생각한 대로 솔직히 쓰는 것이 가장 좋다. 단, 여행을 떠났을 때는 시인처럼 한껏 멋 부린 문장을 써보는 것도 좋을 것이다.

나의 경우 흔히 살 수 있는 평범한 노트에 일기를 적기 시작했다.

일기장으로 팔리는 상품에는 '○○년 ○월 ○일'이 미리 인쇄되어 있어 하루분의 공간이 정해져 있다. 그런 까닭에 일기를 쓰지 않는 날이 있으면 빈 공간이 생긴다. 게다가 나는 일기의 양이 매일 다르기 때문에 한정된 공간은 오히려 답답하게 느껴진다.

모든 일이 그렇지만 '해보자!' 하고 잔뜩 기합을 넣으면 오히려 계속하지 못한다. 따라서 가볍게 그러나 계속 쓸 수 있는 노트에 담담히 적어가는 것이 좋다.

그렇게 익숙해져 자기 나름의 방식이 만들어지면 가죽 커버의 멋진 일기장을 마련하거나 글자가 영원히 바라지 않는 종이의 일기장을 추천한다.

당신도 오늘부터 일기를 써보는 게 어떨까?

 **오늘부터 실천할 수 있는 의욕의 씨앗 뿌리기**
일기를 쓰기 위해 노트를 구입한다. 〈5분〉

WRITE 2
자신의 성장을 발견하는 '직장일기'

집에서 쓰는 개인적인 일기와 별도로 직장에서 쓰는 '직장일기'도 추천한다.

나는 대학을 졸업하고 들어간 회사에서 개인적인 일기와 별개로 직장일기도 계속 썼다. 회사 중에는 업무일지 작성을 의무화한 곳도 있는데, 나도 1년 차일 때는 업무일지를 매일 적었다.

그때 개인적으로 쓰기 시작한 것이 직장일기다. 회사의 업무일지도 실제로 도움이 되는 것은 분명하다. 그러나 아무래도 상사에게 업무내용을 보고한다는 의식이 강해서 자신을 되돌아보기 위해 활용하기는 어렵다. 그래서 혼자 볼 요량으로 직장일기를 쓰기 시작한 것이다.

직장일기는 루스리프를 두 종류로 나눠 한쪽에는 '그날 느낀 것'을 일기처럼 적고, 다시 한쪽에는 '그날 새롭게 배운 업무적인 지식'을 적어 같은 파일에 넣었다.

직장일기의 장점은 간단히 3가지를 꼽을 수 있다.

첫 번째는, 직장일기를 계속 쓰면 자신이 '무능하다'는 사실을 똑똑히 기억하게 된다.

예컨대 내가 1년 차일 때 쓴 직장일기를 보면 한심하기 그지없다. 오늘은 이런 실수를 했다, 오늘은 저런 실수를 했다, 이렇듯 실수만 계속되던 나날이었다.

가장 큰 실수는 회사에 약 300만 엔의 손실을 입혔을 때였다.

나는 당시 통신교육의 DM을 발송하는 업무를 담당하고 있었다.

어느 날 통신교육을 받은 사람과 그렇지 않은 사람 모두에게 설문지를 우편으로 보내게 되었다. 참석한 사람에는 참석한 이유를, 참석하지 않는 사람에게는 참석하지 않은 이유를 묻는 것이다.

그런데 내가 참석한 사람에게 '왜 참석하지 않았는지 그 이유를 묻는 설문지'를, 참석하지 않은 사람에게는 '왜 참석했는지 묻는 설문지'를 보낸 것이다.

내 실수를 발견한 뒤 회사에서 일일이 설문지를 보낸 곳으로 전화를 걸고, 도서권을 동봉한 설문지를 재발송하는 사태가 벌어졌던 것이다. 인건비를 포함하여 약 300만 엔의 손실.

그 이후 큰 실수는 두 번 다시 하지 않았지만 그래도 자잘한 실수는 계속 이어졌다.

과거의 직장일기를 보면, 나는 이런 일도 못했구나, 이런 것도 몰랐구나, 하고 스스로 놀란다.

그런데 3년 차가 되어 후배를 지도할 때 직장일기가 많은 도움이 되었다. 3년 차에 접어들자 나의 실수는 조금씩 줄어드는 대신, 후배가 과거의 나와 같은 실수를 저지르고 있었다.

사람은 의외로 자신의 과거를 잊기 십상이다. 그래서 자신에게 경험이 쌓인 뒤에 후배의 실수를 보고 '왜 그런 간단한 일도 못하는가?', '일일이 주의를 주지 않으면 모르는 것이냐?'며 화를 낸다.

그러나 과거를 되돌아보며 자신 역시 그 길을 걸어왔다. 후배이던 당시의 나 역시 선배들을 늘 불안하게 만들었을 테니까.

그 사실을 직장일기를 쓰면서 알게 되었다. 나도 옛날에는 이런 데서 일이 막혔다, 이런 점에 실수를 저질렀다고 알게 되니 후배를 지도하는 것이 훨씬 쉬웠다.

직장일기의 장점 두 번째는 자신의 성장을 실감할 수 있다는 점이다. 자신이 업무에 있어서 얼마나 성장하였는지는 그다지 피부에 와 닿지 않는다. 그런데 몇 년 전 일기를 다시 읽으면 현재 자신의 모습과 많이 달라 깜짝 놀란다. '내 실력이 눈부시게 성장했구나!' 하고 실감할 수 있다.

성장을 실감하면 그것은 내일에 대한 의욕으로 이어진다. 몇 개월 뒤, 몇 년 뒤에 더욱 성장해 있을 내가 있다고 생각하면 기꺼운 마음으로 높은 장벽도 얼마든지 뛰어넘을 수 있다.

직장일기의 장점 세 번째는 망각효과다. 기억해야 할 지식이나 사건, 자신의 실수를 적기만 해도 그것을 잊을 수 있다.

물론 자신의 실수를 완전히 잊는다고 좋은 것은 아니다. 그러나 실수하고 마음이 언제까지고 우울하다면 더 이상 앞으로 나가질 못한다. 직장일기에 실수의 원인을 명확히 적고 철저히 반성하여 자신의 행동을 고친 뒤에 잊는다.

문자로 차분하게 기록해두면 뇌는 안심하고 잊어버린다. 그렇게 뇌에 빈 공간이 만들어지면 다음 업무에 몰두할 수 있다.

이 3가지 장점의 배경에 있는 직장일기의 가장 중요한 포인트가 '쓰기를 통해 일이나 인생의 목표, 과정을 확인할 수 있다'는 점이다.

일류 운동선수의 대부분은 일기를 쓰고 있다. 그것 역시 '쓰기'를 통해서 목표를 세우고 그 목표를 향해 어떻게 나아가고 있는지를 매일, 매일 확인할 수 있기 때문이다.

생각한 것, 행동한 것을 되돌아보고 반성하고 정리하면서 자신의 실력이 향상되어가는 과정을 객관적으로 파악한다. 그것을 통해 결과적으로 눈부시게 성장해가는 자신의 모습을 실감할 수 있다.

직장일기를 쓰는 시점이 빠르면 빠를수록 성장해가는 모습을 더욱 뚜렷이 파악할 수 있다. 그리고 다음 일을 더욱 잘해내기 위한 동기로 이어진다.

직장일기는 직장인으로서 자신의 모습을 되돌아보는 재미가 있다.

오늘부터라도 쓰기 시작하면 그 재미를 체감할 수 있을 것이다.

 오늘부터 실천할 수 있는 의욕의 씨앗 뿌리기
직장일기를 쓰기 위하여 루스리프를 구입한다.〈5분〉

WRITE 3
우울한 기분을 말끔히 털어내는 일기 활용법

업무처리에 실수를 했다, 상사가 나를 미워하는 것 같다, 애인과 다퉜다……이런 일로 우울할 때가 있다. 마음이 답답하고 불안이나 분노를 어떻게 해소하면 좋을지도 모르겠다. 누구에게나 그러한 때가 있다.

  그 경우에도 나는 일기를 활용한다. 일기로 답답함을 해소한다.

  예를 들어, 고객에게 해야 할 연락이 늦어져 고객이 화가 났다고 가정해보자. 고객을 화나게 했으니 당연히 상사에게 한소리 들어야 한다. 잘못에 대하여 깊이 반성하고 있지만 그래도 왠지 우울하다.

  이러한 경우 먼저, 자신이 왜 우울한지 그 원인을 일기에 적는다.

- 내 실수로 고객을 화나게 했다.

그때 직접적인 원인이 여실히 드러난다.

여기에 그치지 말고 그 밖에 우울하게 만드는 다른 원인은 없는지 찾아본다. '실수한 것은 분명 잘못했다. 원래 상사와의 관계도 그다지 좋지 않았다. 어쩌면 나는 상사의 미움을 받고 있는지도 모르겠다.'

그렇듯 생각나는 것을 그대로 적는다.

· 상사의 미움을 받고 있는 것 같다.

그 밖에 다른 원인은 없는지 찾아본다.

'그러다 보니 최근 늦잠 자는 날이 많아져 하루의 리듬이 수월하지 않다.'

· 최근 늦잠 자는 날이 많다.

한 걸음 더 나아가 일이 바빠서 여자 친구와 만나지 못했다, 좋아하는 텔레비전이나 영화를 보지 못했다 등 여러 가지 요인이 나올지도 모른다.

이처럼 직접적인 원인이라 생각되어지는 것 외에도 자신을 우울하게 만드는 것들을 찾아보자. 막연하여 문제점이 또렷이 보이지 않는 상태는 사람을 가장 불안하게 만든다. '잘 모르는 상태'를 우리의 뇌는 싫어하는 것이다.

예컨대 요리를 하다가 냄비를 태웠다고 가정해보자. 가장 불안한 것은 냄비 뚜껑을 열기 직전으로 바닥이 얼마나 심하게 탔는지 확인하기 전이다.

그러나 뚜껑을 열면 어디가 어떻게 탔는지 알 수 있다. 그러면 의외로 마음이 편해지는 법이다.

일도 마찬가지다. 눈앞에 산더미처럼 쌓여 있는 일, 해야만 하는 일이지만 무엇부터 손을 대야 할지 모르고, 순서도 몰라 불안하다. '이렇게 엄청난 일을 끝낼 수 있을까?'라고 생각한다.

이러한 때에도 할 일을 하나씩 적어가면 생각처럼 어려운 일이 아닐지도 모른다, 해볼 만하겠다, 는 생각이 들기도 한다.

따라서 우울한 원인을 오목조목 열거해본다.

무엇이 어떻게 되어 있는지를 파악하기 위해서, 문제점을 찾기 위해서 글자로 적어본다. 그렇게 적는 것만으로 '에이, 별거 아니잖아' 하는 생각이 들 때가 있다. 냄비 뚜껑을 열어젖히는 것만으로 기분이 홀가분해진다.

그뿐만이 아니다. 열거한 원인을 구조적으로 분석하면 자신의 마음을 우울하게 만들고 있는 원인이 실상 다른 데 있다는 사실을 깨닫기도 한다.

예컨대 우울의 직접적인 원인은 '업무적인 실수'에 있지만, 그 실수의 원인은 너무 바빠서 해야 할 일을 정리하지 못한 상태에서 추진했기 때문이고, 다시 그 원인은 아침에 '늦잠을 잔 탓'으로 수첩을 보면서 하루의 전략을 세우는 시간을 갖지 못했기 때문이라 생각을 더듬어 가면 결국 '늦잠 때문'이라는 결론에 이른다.

늦잠을 자고 하루의 사이클이 제대로 돌지 못한 것이 업무에 영향을 미치고, 실수를 낳고, 결과적으로 상사의 분노를 사고 말았다. 그렇다면 늦잠을 자지 않으면 모든 문제는 해결되지 않을까.

이 시점에서 이미 마음은 맑게 개어 그대로 마무리 짓는 것도 좋지만, 우울한 원인을 밝히는 것 외에도 '최근 잘되었던 일'을 적어보는 것도 매우 효과적이다.

나는 이만큼 성장했다, 과장님에게 자주 꾸중을 듣지만 다른 일로는 칭찬받기도 했다. 부장님에게도 기획안에 대하여 칭찬받았다. 여자 친구와는 시간이 없어 좀처럼 만나지 못하지만 이전보다 자주 통화한다.

그런 식으로 잘되고 있는 부분을 적어 긍정적인 측면도 제대로 본다. 이렇게 하면 비록 '최근 상사의 미움을 받고 있는 것 같다'는 생각이 들어도 그리 대단찮은 문제로 보인다.

이처럼 마음이 우울할 때는 일기에 다음의 두 가지를 적어보자.
- 마음이 우울한 원인
- 최근 잘되고 있는 일

구조적으로 모든 상황을 파악하면 틀림없이 마음이 편해질 것이다. 단, 이때 주의할 점은 '왜?'라는 생각에 너무 깊이 빠져들어서는 안 된다는 것이다. '왜 상사는 나를 미워할까?', '왜 실수를 했지?' ……이처럼 논리적으로 문제의 본질을 파고드는 것도 중요하지만, 문제만 불거져 나오면 목적을 잃기 때문이다.

상황에 따라서는 시점을 문제에서 목적에 맞추고 다시 한 번 일어서야 할 때도 있는 법이다.

마라톤 대회에 참가하여 열심히 달리다 넘어지고 말았다. 그때에 넘어진 원인을 확인하는 것은 물론 중요하지만, 멈춘 채로 원인만 생각하면 '어디를 향해' 달리고 있었는지 잊어버린다.

다음 경주를 위해 넘어진 원인을 찾는 것과 여하튼 현재의 골인 지점까지 달리는 것 중에서 지금 필요한 것이 무엇인지를 판단하고 행동을 선택해야 한다.

일을 할 때도 마찬가지다.

'업무상 여러 가지 어려운 점이 있다. 그러나 원래 목표는 무엇인가? 무엇을 목표로 일하고 있는가?'

'장차 독립하여 나의 회사를 설립하기 위해서다. 그렇다면 지금 비록 힘이 들어도 참고 견디는 수밖에 없다. 이것은 내게 필요한 시련이다.'

'그러니 지금은 그것을 견디고 일단 앞으로 나아가자.'
그처럼 생각하면 마음도 자연히 적극적으로 변한다.

 오늘부터 실천할 수 있는 의욕의 씨앗 뿌리기
지금 안고 있는 문제를 1분 동안 열거하고 구조화한 다음에 목표를 찾는다.〈2분〉

WRITE 4
타인을 위해서 먼저 내 자신을 소중하게

"통풍입니다."
의사가 그런 진단을 내렸다. 내 나이 31세 때의 일이다.
"정말입니까?"
무심코 되물었다.
고등학교 시절에 핸드볼부에서 무릎을 혹사시킨 탓에 내 왼쪽 무릎뼈에는 잔금이 가 있다. 그 무릎이 아파와 병원을 찾았던 것이다. 나는 옛날에 다친 상처가 도진 것이라 생각했지 통풍이라고는 상상도 하지 못했다.

그때까지 통풍은 중년 남성이나 걸리는 것이라 생각했다. 과거에는 미식과 음주가 잦은 사람에게 흔히 나타나는 사치병이다.

그 통풍에 내가 걸리고 말았다. 머리를 세게 한 대 얻어맞은 기분이었다. '아직 31세인데……' 하고 완전히 풀이 죽었다.

하지만 자업자득이다. 그 무렵 매일 잠자리에 들기 전에 술을 마셨다. 일을 마친 뒤 사무실에서 해야 할 공부까지 끝낸 뒤 밤이 깊은 2시경 집에 돌아와 진에 다이어트 콜라를 섞어 마셨다. 아주 가끔이기는 했지만 친구와 떡이 되도록 술을 마시고 만취한 상태로 집에 돌아와 바닥에서 그대로 잠이 든 적도 있었다.

술뿐 아니라 흡연도 꽤 많이 했다. 매일 한 갑 반 정도를 피웠다. 식사는 대부분 외식이고 육류 중심으로 섭취했다. 업무량은 많았고 일주일에 단 하루만 쉴 수 있었다. 지금 생각해도 정말 건강하지 못한 생활을 했었다.

통풍 진단을 받았을 당시 나는 미국 유학을 코앞에 두고 있었을 때라 걱정되는 마음에 혈액검사까지 받았다.

결과는 완패였다. 중성지방, 요산수치, γ-GTP, 콜레스테롤…… 모든 수치가 기준치를 훌쩍 넘었다.

그랬던 것이 미국에서 2년의 유학 생활을 마치고 일본으로 돌아온 시점부터 점차 건강이 개선되기 시작하였다. 혈액검사도 거의 모든 항목이 정상수치 내에 있었다. 물론 통풍도 사라졌고 지극히 건강한 몸이 되어 있었다. 나의 곁에서 이러한 변화를 목격한 아내의 말을 빌리자면 '얼굴빛이 이전과 확연히 다르다'며 감탄했다.

그런데 어째서 나의 몸이 그토록 건강해질 수 있었던 것일까. 이유는 식생활을 중심으로 모든 습관을 싹 뜯어고쳤기 때문이다.

현재 나의 건강 습관을 열거해보면 다음과 같다.

1. 담배는 피우지 않는다.
2. 밥을 한 입 먹을 때마다 젓가락을 내려놓고 50번 이상 씹는다.
3. 정제된 탄수화물은 피하고 현미 같은 전립 곡물을 먹는다.
4. 술은 한 방울도 마시지 않는다.
5. 커피는 마시지 않는다.
6. 청량음료는 마시지 않는다.
7. 고기는 먹지 않는다. 생선은 먹지만 이틀 연속으로 섭취하지는 않는다.
8. 백설탕이 들어간 과자는 먹지 않는다.
9. 유제품과 달걀은 먹지 않는다.
10. 편의점에서 음식물을 사지 않는다.
11. 유기야채를 사고, 외식도 자연식 레스토랑에 간다.

12. 식사는 잠자기 3시간 전에 끝낸다.

얼핏 매우 엄격한 식생활을 실천하는 듯 보이지만 친구랑 밥을 먹거나 술자리를 갖기도 한다. 나는 술이나 고기는 먹지 않지만 충분히 그 자리를 즐긴다. 커피나 청량음료는 억지로 참는 게 아니라 안 마시는 동안에 완전히 식욕을 잃어버렸다.

미국 유학에서 돌아온 이후 내가 식생활을 완전히 바꾼 이유는 통풍이나 혈액검사에서 참패했던 것 외에도 다른 한 가지 이유가 있다. 미국 유학을 한 것은 마침 사회인이 되어 회사의 공동경영을 맡았을 때다. 회사를 경영하게 되면서 나는 자연스럽게 일상적으로 줄곧 '비즈니스란 무엇일까?' 하고 자문했다.

나는 비즈니스의 기본은 '사람을 위해 얼마만큼의 일을 하는가'라 생각한다. 사람에게 얼마만큼의 기쁨을 안겨주는가? 얼마나 즐겁게 해주는가? 요컨대 타인을 배려하는 것이다.

그런데 타인을 배려하기 위해서는 먼저 자신에 대한 배려가 선행되어야 한다. 자신을 배려하지 못하면서 타인을 배려하려는 마음의 여유 따윈 생기지 않는다. 그렇다면 자신의 건강에 관심을 가져야 하지 않을까, 자신의 몸을 소중히 생각하는 것이 무엇보다 중요하지 않을까, 그런 생각이 들었던 것이다.

또한 업무상 영어를 사용하는 일도 많다.

영어는 모든 장면에서 활용 가능한 커뮤니케이션 도구 중 하나다. 원래 커뮤니케이션이란 상대에 대한 애정이 없으면 기본적으로 성립되지 않는다. 상대의 이야기에 귀 기울이거나 상대가 이해하기 쉽게 말하는 노력의 근간에는 상대에 대한 애정이 있기 때문이다.

마음이 맞지 않는 상사와 일상적으로 말을 주고받고는 있지만 그것은 진정한 커뮤니케이션이라 말할 수 없다.

커뮤니케이션이 성립되기 위해서는 비록 처음 만난 상대라도 그에 대한 애정과 신뢰가 결여되어서는 안 된다.

그런 의미에서 먼저 자신에게 애정을 가지는 것이 중요하다.

이런 생각에서 건강서를 읽고 마크로비오틱 건강법을 알게 되어, 아내와 함께 3개월 동안 미국으로 공부하러 가기까지 했다.

식생활을 중심으로 모든 습관을 바꾼 덕분에 나는 지금 건강한 몸이 되었다. 그로 인해 업무와 공부에 대한 집중력도 향상되었고 무엇보다 매일 기분 좋게 지내고 있다.

 오늘부터 실천할 수 있는 의욕의 씨앗 뿌리기
좋아하지만 몸에 나쁜 '것'을 단 하루 동안만 중단해보자.
〈0분〉

WRITE 5
금연 선언문을 소리 내 읽으면 담배를 끊는다

현재 실행하고 있는 습관 중 하나가 담배를 피우지 않는 것이라 말했는데, 사실 담배를 끊기까지 상당한 어려움이 있었다. 온갖 금연법을 총동원하였지만 늘 좌절을 맛봤다.

맨 처음에 시도한 것은 누구나 하는 '금연 선언'이었다.

'오늘부터 담배를 끊겠어. 만약 내가 담배를 피우면 1만 엔을 벌금으로 내지.'

제자에게 그렇게 선언했지만 얼마 지나지 않아 좌절하고 다시 담배를 피우기 시작했다. 적어도 지금까지 벌금으로 20만 엔 정도가 사라졌다. 1만 엔이라는 어중간한 금액을 걸었기 때문에 금연에 실패한 것이라 생각한 나는 벌금 액수를 10만 엔으로 대폭적으로 인상하여 선언한 적도 있다.

그러나 역시 효과가 없었다. 그저 은행 ATM에서 돈을 인출할 때 지독하게 우울했을 뿐이다.

알렌 카의 《스탑 스모킹!》도 읽었다. 이 책은 굉장했다. 세계적으로 몇 만 명이라는 사람이 이 한 권의 책으로 수명을 연장했다고 해도 과언이 아니다.

그런데 나는 이 책으로 금연하지 못했다.

그렇게 여러 번의 좌절을 겪은 뒤에 마지막에 다다른 방법이 금연 선언문을 소리 내 읽는 것이었다.

'담배가 피우고 싶지 않은 나'라는 제목의 선언문을 쓰고, 그 종이를 가지고 다니면서 담배가 생각날 때마다 소리 내 읽는다.

이때 선언문을 쓰기 전에 지금까지 흡연 습관을 버리지 못한 데 대하여 강하게 후회하는데, 이때가 가장 중요하다.

'담배를 끊겠다고 친구에게 선언하고는 수없이 좌절한 나는 한심하기 짝이 없다', '담배를 사러 가는 시간, 담배를 피우기 위해 밖에 나와 있는 시간, 나는 인생의 엄청난 시간을 담배 때문에 낭비해왔다' 등등, 진심으로 후회하면서 눈물이 날 정도로 호되게 반성하는 것이다. 그런 뒤에 '이대로 담배를 계속 피우면 나의 미래는 어떻게 될까?'를 사실적으로 상상해본다.

'금연 약속을 지키지 못하고 점차 응석받이가 되면 다른 면에서도 해이해진다', '그런 나를 장차 내 아이들이 존경할까?'라는 식으로 부정적인 미래의 모습을 그려본다. 이때 가능한 한 비참한 모습을 그리도록 한다.

반대로 담배를 끊는다면 어떤 장밋빛 미래가 찾아올지를 사실적으로 상상한다.

마지막으로 책이나 인터넷으로 담배가 인체에 어떤 악영향을 미치는가를 철저히 알아본다. 감정만이 아니라 담배는 정말 몸에 좋지 않다는 이론적인 측면에서도 완벽하게 자신을 납득시킨다.

이러한, 후회 → 미래에 대한 불안 → 장밋빛 미래 → 이론적인 검증이라는 과정을 밟고 A4용지에 선언문을 적는다.

선언문은 잘 접어 지갑에 넣고 다니다가 담배가 간절할 때 꺼내 소리 내 읽는다.

선언문에는 '본래 나는 담배 같은 건 좋아하지 않는다', '금연을 실천하고 있는 나는 훌륭하다'는 스스로를 세뇌시킬 수 있는 내용을 포함시키는 것도 좋다.

사고의 초점이 '금연은 힘들다'는 것에 맞춰지면 계속 실천하기 어렵다. 따라서 '금연하고 있는 나는 훌륭하다, 금연하고 있는 내가 좋다'에 초점을 맞춘 마인드컨트롤이 필요한 것이다.

실제 사례로 부끄럽지만 내가 당시에 작성한 금연 선언문의 일부를 소개한다.

선언문을 작성할 때는 아무에게도 보여줄 생각이 없었다. 오로지 담배를 끊기 위해 어떻게 나 자신을 세뇌할 것인지, 그것만을 염두에 두고 작성하였다.

그래서 객관적으로 다소 부끄러운 문장이 될지라도 자신의 극비 문서로써 철저히 자기도취에 빠져 작성해보자.

〈담배를 피우고 싶지 않은 나〉

나는 담배를 피우지 않는다. 금연 중이 아니라 이미 완전히 담배를 끊었다. 담배는 이점이라고는 하나도 없다. 우선, 주위 사람들이 싫어하고 무엇보다 내 자존심을 앗아간다.

나는 담배를 피우지 않는다. 나 자신을 위해, 나를 믿어주는 사람을 위해. 만약 담배가 피우고 싶더라도 그것은 어디까지나 일시적일 뿐이다. 비록 아무리 힘들어도 나는 담배를 피우지 않을 것이고, 피우고 싶은 마음도 들지 않을 것이다.

담배를 끊었다는 사실을 진심으로 기쁘게 생각한다. 끽연은 단순한 마약중독이다. 담배를 피우지 않는 것을 시작으로 나는 다른 결의도 지킬 수 있고, 자신감을 가질 수 있다. 수많은 일에도 도전할 수 있다.

담배가 피우고 싶어지면 그 패배감을 떠올려라. 자신과 타인을 저버린 그 패배감을. 진심으로 담배를 혐오하는 내가 느낀 그 패배감을.

나는 담배를 피우지 않는다. 나는 승리자다. 다소 피우고 싶더라도 인내하고 순간, 순간 내가 강해지는 것을 느낀다. 점차 자신감이 커지는 것을 느낀다. 왜냐하면 마약중독에서 벗어나고 있기 때문이다.

　나는 의지가 강하다. 맹세한 것은 반드시 해내고 만다. 담배가 피우고 싶을 때도 그 한 개비가 수천만 엔과 수천 시간의 손실을 낳고 모든 사람을 저버리고 자기 자신을 배반한다는 것을 인식한다. 단 한 개비가 모든 것을 무너뜨리고 만다는 것을.

　담배를 피우지 않아 진정으로 행복하다. 나 자신을 사랑함으로써 다른 모든 사람도 사랑할 수 있다. 담배를 끊으면 대학원으로 유학이라는 목표는 물론 인생의 목적도 달성할 수 있다. 담배를 피우면 그 반대의 상황을 맞이하게 된다. 담배를 피우지 않음으로써 모든 맹세를 지킬 수 있다.

　담배를 끊은 것은 간단하다. 니코틴의 금단증상도 극히 가볍고 일시적이다. 담배를 피울 이유는 하나도 없을 뿐 아니라, 이점 역시 눈곱만큼도 없다. 자신감과 용기와 자존심을 담배를 피우지 않음으로써 지켜나갈 수 있다. 담배를 피우지 않아도 항상 긴장을 풀 수 있고, 집중할 수 있다.

　24시간, 그리고 30일이 승부다. 술을 마셨을 때가 승부다. 반년 뒤가 승부다. 1년 뒤가 승부다. 그 이후에도 결코 방심하지 않는다. 어떤 변명을 대도 나는 평생 담배를 피우지 않는다. 절대로, 단 한 개비도 피우지 않는다. 피울 때의 그 패배감. 인내했을 때의 그 승리의 기쁨. 나를 위해, 나를 믿어준 모든 사람을 위해, 모든 우주를 위해 나는 담배를 피우지 않는다. 망설이지 않는다. 담배를 끊고 최고의 인생을 즐기자.

○○년 ○○월 ○○일

 오늘부터 실천할 수 있는 의욕의 씨앗 뿌리기
무언가를 '끊는다'는 주제로 선언문을 쓴다. 〈15분〉

WRITE 6
무언가를 그만두면 무언가를 새로 얻는다

금연에 성공한 것을 계기로 나는 무언가를 '그만두는' 것에 이상한 고집을 가지게 되었다.

1년 뒤에는 술을. 그리고 고기와 청량음료를 끊었고, 그 이후 백설탕이 들어간 과자도 먹지 않게 되었다.

친구에게 이 사실을 말하자 '즐거움이 줄어 슬프지 않아?'라고 묻는다. 몸에 해로운 것들을 끊고 육체적으로 건강해졌지만, 몇몇 사람들은 그런 나를 '재미없는 사람'으로 보는 것 같았다.

술을 좋아하는 사람은 '술이 없는 인생이라니……' 하고 생각할 것이고, 육식을 좋아하는 사람은 '인생의 기쁨 하나가 줄었다'고 생각할 것이다.

물론 나도 술이며 고기를 엄청 좋아했는데, 무언가를 그만둘 때의 확실한 판단기준은 간단히 지금 잃는 것과 얻는 것을 비교해보는 것이다.

예를 들면, 담배는 생각보다 많은 시간이 필요하다. 담배를 피우는 데 걸리는 시간은 물론, 담배 생각에 사고가 멈추는 시간, 담배를 사러 가는 시간, 담배를 피울 장소를 찾는 시간, 그곳까지 가는 시간…… 적어도 담배 한 개비에 5분은 걸린다.

이것을 단순히 계산하면, 담배 한 갑에 100분(1시간 40분)이다. 하루에 이만큼의 시간을 담배로 날려버리는 셈이다.

결국 단 하루 동안 담배를 끊으면 1시간 40분의 자유 시간을 손에 넣을 수 있다. 1년으로 환산하면 약 608시간, 결국 약 25일이다. 평생으로 보면 그 누적시간은 엄청나다.

앞에서도 언급했지만, 텔레비전의 전원을 끄는 것도 마찬가지다.

텔레비전 시청으로 무엇을 잃고 무엇을 얻는지를 판단하고, 보지 않기로 결정했다면 안테나를 뽑아버린다. 콘센트만 뽑으면 반드시 보게 된다. 따라서 안테나코드를 뽑고 둘둘 감아 서랍장에 넣는다. 이렇게 하면 일단 보지 않는다.

텔레비전을 보면 공부나 집안일을 할 수 있는 시간이 증가한다. 텔레비전이 사라진 생활이 다른 가족에게 피해를 주는 것 같지만 사실 전원을 켜지 않음으로써 가족 간의 대화는 훨씬 많아진다는 이점이 있는데다 각자 의미 있는 시간을 보낼 수 있다.

담배나 술, 청량음료수, 육류 등 많은 것을 끊고 나는 그 무엇과도 바꿀 수 없는 소중한 건강과 자유로운 시간을 손에 넣었다.

무언가를 중지함으로써 사실 새로운 무언가가 탄생하기도 한다. 게다가 잃는 것보다 얻는 것이 더 많다.

따라서 무언가를 그만둘 때는 '이것을 중지하면 나는 무엇을 얻을 수 있는가'에 주안점을 둔다. 틀림없이 그만두는 데 가졌던 저항감도 조금 누그러질 것이다.

 오늘부터 실천할 수 있는 의욕의 씨앗 뿌리기
그만두면 인생에 득이 되는 습관을 1분간 적어본다.〈1분〉

WRITE 7
노력과 결과는 인생 최고의 향신료

매일 아침 빠뜨리지 않고 영어와 중국어를 공부하고, 매일 한 권의 책을 읽는다는 얘기는 앞에서도 했는데, 이런 나의 습관에 '대단하다!'며 감탄하는 사람들이 있다.

나는 특별히 대단하다는 생각은 하지 않는다. 오히려 이 습관을 즐기고 있다. 왜냐하면 나의 노력이 결과로 나타날 때 얻을 수 있는 쾌감이 인생의 활력으로 되돌아오기 때문이다.

이러한 쾌감을 또렷이 깨달을 수 있는 것도 일기의 장점이다.

시간을 거슬러 올라 고등학교 시절.

당시 나의 최고 우선 순위는 핸드볼이었다. 학교가 남녀공학이었다면 일기에는 여학생 얘기로 가득했을 테지만, 남고를 다닌 탓에 중요하게 생각했던 핸드볼에 마음껏 몰두할 수 있었다.

하지만 아무리 핸드볼이 좋았다고 해도 당시의 연습까지 좋아했던 것은 아니다.

핸드볼부는 치바현 내에서 1, 2위를 다투는 실력 있는 팀으로, 매년 전국고교체육대회에 나갈 만큼 실력이 좋았다. 당연히 방과 후의 연습은 매우 엄격하고 힘들었다. 고문을 맡은 선생님도 기본적으로 늘 화를 냈다.

평일 연습은 매일 오후 3시부터 8시까지, 휴일에는 아침부터 저녁까지, 연습, 시합, 연습의 연속이었다. 코트를 토끼뜀으로 몇 바퀴를 도는 벌까지 받아야 했다.

재미라고는 거의 없었다. 하지만 한 번 하겠다고 결정해 들어온 이상 끝까지 해내겠다는 의지가 있었다. 오른쪽 어깨 탈구로 의사가 운동을 그만두는 게 좋다고 권했지만 왼손으로 경기를 계속했다. 아무리 힘들어도 전국고교체육대회에 나가겠다는 꿈을 향해 필사적으로 나아갔다.

그리고 고등학교 3학년 여름, 이후의 인생에 크게 영향을 미치는 시합이 열렸다. 그것은 전국고교체육대회 출전권이 걸린 현 대회의 준결승전이었다.

상대는 반년 전에 더블스코어로 우리에게 패배를 안겨준 라이벌 학교. 실력으로는 밀렸다. 그렇지만 호된 연습을 받아온 터라 '결코 우리가 질 리 없다'는 확신을 가지고 시합에 임했다.

핸드볼 시합은 전반전 30분, 후반전 30분이다.

그 시간 내에 승부가 결정 나지 않으면 5분의 휴식을 취한 뒤 10분간 연장전을 벌인다.

우리는 시합 종료까지 앞으로 2분이라는 시간을 남겨놓고 상대팀에게 2점을 리드당하고 있었다. 상식적으로 남은 시간 2분에 2점이 뒤져 있으면 절망적이다. 그러나 기적적으로 우리 팀이 2점을 추가하면서 동점으로 따라잡았다.

게다가 30초를 남겨놓은 시점에서 나는 노마크 찬스를 잡았다. 최대의 정면승부, 내가 던진 슛이 결정 골로 승리했다.

'오늘의 영웅은 나다.'

그렇게 확신하고 뛰어오르며 승리의 포즈를 취했다.

그런데 기쁨도 잠시, 나는 골을 넣은 직후에 반칙을 범해 퇴장당하고 말았다. 게다가 그로 인해 상대편에게 페널티스로(penalty throw)가 주어져 다시 동점으로 추격을 당했다.

시합은 연장전에 돌입하고 여기서 상대에게 리드당하고 있었다. 그러나 시합 종료 3초 전에 후배 K군이 골을 넣은 덕분에 일단 동점으로 연장전을 버텨냈고, 결국 승부차기로 우리 팀이 극적으로 승리했다.

그리고 나서 현 대회 결정에 진출한 우리 팀은 준결승의 기세를 몰아 전국고교체육대회의 출전권을 따냈다.

나는 지금도 마지막 슛을 던진 후배에게 감사하고 있다. 그가 슛을 넣지 않았다면 그 시합은 졌다. 내 반칙 때문에 추월당하고 그 시점에서 패배했다면 평생 '최선을 다해 노력했지만 보람이 없었다'고 생각했을지도 모른다.

'지금까지 열심히 연습했고 아무리 힘들어도 참고 견뎌왔는데 결과가 고작 패배라니.'

그런 생각을 곱씹었을 것이다. 그러나 이런 힘든 시간을 갖지 않게 되었다. 후배의 결정적인 슛 덕분에 시합에서 이겼다.

전국고교체육대회에 출전이 결정되었을 때는 저절로 눈물이 흘렀다. 힘들었던 연습으로 흘린 땀이 마치 눈물로 변한 듯 하염없이 기쁨의 눈물이 끊임없이 흘러내렸다.

노력이 결과로 나타났을 때의 강렬한 쾌감을 처음으로 맛본 소중한 체험이었다.

3년간의 연습 과정, 그리고 이때의 시합에 대하여 나는 일기에 상세히 기록해두었다. 당시의 운동부 활동은 무엇과도 바꿀 수 없는 배움을 선사해주었다.

지금에 와서 이렇듯 당시 나의 모습을 회상하고 K에게 고마워할 수 있는 것도 일기를 적었기 때문이다.

일기에 기록으로 남겼기에 자신의 성장이나 가치관을 객관적으로 볼 수 있다. 냉정하게 제3자의 시선으로 자신을 돌아볼 수 있다. 과거에 만끽했던 감동을 다시금 떠올린다.

만일 일기를 통해 당시의 시합을 회상하지 않았다면 아마도 일시적인 흥분에 그쳤을지도 모른다. 청춘의 한 페이지를 장식한 뜨거운 추억으로만 기억되었을지 모른다.

과거의 감동을 서랍 속의 일기에 담아놓고 언제든 꺼내보면 그 체험이 깨우쳐준 소중한 교훈, 질책, 현재의 자신에게 도움이 되는 힌트나 깨달음을 얻을 수 있다.

일기에는 그런 효과도 있다.

 오늘부터 실천할 수 있는 의욕의 씨앗 뿌리기
과거에 내가 쓴 일기를 다시 본다.〈5분~〉

WRITE 8
과정은 반성하고 결과는 긍정한다

자신에게 일어난 모든 일은 자신에게 중요한 메시지를 남긴다.

그러나 그 일을 제대로 되돌아보지 않으면 아무것도 깨닫지 못한 채 무심코 흘러가버린다.

전국고교체육대회의 출전권을 놓고 치룬 현 대회 준결승전은 '노력하여 결과로 얻었을 때 강렬한 쾌감을 맛볼 수 있다'는 간단하지만 중요한 가치관을 내게 남겼다.

그 깨달음 뒤에는 일기를 쓰는 습관이 적지 않은 힘을 발휘했다는 것도 알게 되었다.

연습이 힘들고 선생님이 무서워 운동부 활동이 괴롭고 견디기 어려웠지만, 그래도 핸드볼부에서 활동해서 다행이었다고 지금도 진심으로 생각한다. 굉장히 무서웠던 감독 선생님도 지금은 인생 최고의 은사가 되었다.

그 선생님은 평소 연습할 때도 '노력하여 결과를 낳는 인생'에 대하여 우리에게 가르쳐주었던 것이다.

나는 고등학교 입학시험을 치를 때도 실패했었다.

도쿄 도내의 지망학교에서 떨어져 최종적으로 들어간 것은 제5지망 학교였다. 그러나 그 덕분에 핸드볼과 만날 수 있었다.

고입 실패가 핸드볼부와 멋진 선생님, 친구들과의 만남을 내게 안겨주었다. 좀 더 거슬러 올라가 중학교 입시에서도 호된 실패를 경험했었다.

사립중학교에 떨어진 나는 어쩔 수 없이 공립중학교에 다니게 되었고, 그 덕분에 첫사랑의 그 아이와 만났다. 실패했기 때문에 남학교가 아니라 남녀공학에 입학하게 되었고, 그녀는 내게 일기를 쓰는 계기를 만들어주었다.

이처럼 얼핏 부정적으로 보이는 사건도 다시 보면 중요한 것을 내게 남겼다. 나는 일기를 통해 과거의 사건을 되돌아보는 기회를 가진다. 그리고 그런 중요한 깨달음을 얻은 이후 과거의 어떤 결과든 긍정적으로 생각하게 되었다.

물론 실패에 대한 반성도 필요하다.

내가 제1지망 도쿄 도내의 사립고교에 떨어진 것은 1차 시험에서 합격점까지 5점이 부족했기 때문이다. 지금도 기억하고 있는 것이 수학의 최소공배수를 구하는 기본적인 문제를 틀렸다는 것이다.

생각하기에 따라서는, 이 문제를 틀린 덕에 전국고교체육대회에 나갈 수 있었다는 생각도 가능한데, 기본적인 문제를 틀린 자신에 대한 반성을 게을리 해서는 안 된다.

'조금 진지하게 공부하고 시험 당일도 조금 냉정할 수 있었다면 풀었을지 모른다. 어째서 진지하지 못했던 것일까. 왜 시험 당일 냉정하지 못했을까.'

과거의 경험과 과정에 대하여 눈물이 나도록 호되게 반성하고, 그러면서도 결과에 대해서는 긍정하고 능동적으로 받아들인다.

과정은 반성.

결과는 수긍.

여기엔 과거에서 얻은 깨달음을 효과적으로 미래의 의욕으로 이어가는 작은 힌트가 숨어 있다.

 **오늘부터 실천할 수 있는 의욕의 씨앗 뿌리기**
잘못한 일을 철저히 반성한 뒤 '그래도 이만하길 다행이다'
라고 중얼거린다.〈10분〉

WRITE 9
세상에 받은 도움을 되새겨본다

뜻밖에, 사람들에게 받은 도움을 얼떨결에 지나쳐버리는 일이 종종 있다.

사람에게 받은 도움은 자신의 노력으로 얻은 것이 아니라 모르는 사이에 지나치는 경우가 많다. 그렇기 때문에 그러한 도움을 깨닫기 위한 노력이 필요하다.

이런 생각은 명상센터를 다니면서 하게 되었다.

명상센터에서 나는 반 평 정도의 작은 공간에 혼자 틀어박혀 부모님과 형제, 지금까지의 친근한 관계를 세 가지 관점-결국 받았다, 돌려주었다, 신세졌다-에서 생각해보았다.

아침 6시부터 밤 9시까지 오로지 생각만 했다. 그리고 1,2시간마다 찾아오는 상담자에게 그 시간 동안 누구에 대하여 어떤 주제로 생각했는지, 어떤 일을 떠올렸지, 에 대하여 얘기한다. 상담자는 기본적으로는 나의 이야기를 듣기만 할 뿐 조언은 일절하지 않는다.

내가 갔던 명상센터는 비교적 여유로운 곳이라 도중에 지치면 잠시 누울 수도 있었다. 그곳에서 6박 7일간 틀어박혀서 부모님이나 학교 선생님, 회사 동료, 친구들과의 관계에 대하여 생각했다.

나는 그때까지 내 곁에 있는 사람들에게 고마운 마음을 늘 표현하면서 살아왔다고 믿었다. 그런데 작은 공간에 앉아 생각하는 동안에 내가 느끼던 고마움이 완전히 다른 차원의 것으로 변해버렸다.

이전에는 머리로만 감사했는데 그 고마움을 온몸으로 느낄 수 있었던 것이다.

그 하나, 아버지에 대한 감사였다. 아버지는 내가 어렸을 때부터 술고래였다. 원래 성실하고 친절한 사람이라 나를 꾸짖은 적이 단

한 번도 없었지만 술을 마시면 어머니와 자주 말다툼을 벌였다.

　어릴 적에는 아버지의 그런 모습이 싫었다. 중학생, 고등학생이 되어 반항기에 접어들면서는 아버지와 좀처럼 말도 하지 않았다. 그런데 대학교 3학년일 때 중국 유학을 가게 되고 처음으로 부모님 곁을 떠나 생활하게 되면서 부모님의 고마움을 뼈저리게 느꼈다. 그때 술에 의지하던 아버지도 용서하자고 다짐했다.

　그런데 명상센터의 작은 공간에 앉아 아버지와 나의 관계를 생각하는 가운데 한 가지 사실을 깨달았다.

　아버지를 용서한다는 생각 자체가 나를 너무도 부끄럽게 만들었다. 아버지의 고마움에 그 어떤 것도 견줄 바가 못 되었다.

　아버지는 알코올에 의존할 수밖에 없을 만큼 스트레스를 끌어안고 있으면서도 열심히 일해 나를 대학까지 보내주었다. 게다가 휴학하고 중국 유학을 갈 수 있게 해주었다. 일하는 동안 아버지는 아파도 회사를 쉰 적이 없었다. 거기에 그 어떤 사람보다 멋진 아버지의 모습이 있었다. 그 모습을 떠올리며 용서는커녕 크나큰 고마움에 몸서리가 쳐졌다. 그리고 비로소 머리로 했던 아버지에 대한 '감사'를 가슴속 깊이 할 수 있었다.

　이외에도 많은 사람에 대한 여러 고마움을 깨달았다.

　6박 7일이라는 시간을 통해서 내가 사람에게 많은 것을 받고 신세지고 있었다는 사실을 마음속 깊이 느낄 수 있었다.

이것은 명상센터라는 특별한 장소가 아니라도 일상 생활 속에서도 가능한 일이다. 예를 들어, 식사 전에 마음속으로 '잘 먹겠습니다'라고 말한다. 15초 정도 충분한 시간을 들여 생명으로서의 음식에 감사하고, 세상의 모든 생명이 연결되어 있음을 깨닫고, 그것을 키워준 사람, 요리로 만들어준 사람에 대한 감사의 마음을 담는다.

타인에게 늘 무언가를 받고 있다는 사실을 깨달으면 그들에게 감사할 수 있다.

사람들에게 고마움을 느끼는 인생은 그렇지 않은 인생보다 훨씬 풍요롭다. 그리고 보다 큰 사랑을 베풀 수 있다.

그리고 또 한 가지 명상을 통해서 깨달은 것이 있다. 자신이 범한 죄를 잊어서는 안 된다, 고.

나는 지금까지 많은 사람들에게 신세를 졌다.

대학을 졸업하고 입사한 출판사는 3년도 지나지 않아 그만두었다. 그만둘 때는 성대한 송별회까지 열어주었지만 회사의 입장에서 보면 말도 안 되는 얘기다.

내가 사원이 되기 위해 회사는 막대한 채용 비용을 들여 급여를 지불하고, 복리후생을 마련하고 나를 위한 공간과 물품을 구매하는

데 경비를 들였다. 그것은 내가 3년간 만들어낸 수익과 거의 비슷하거나 적어서 어쩌면 손해 보는 장사였을지도 모른다. 회사의 입장에서 보면 무엇 때문에 채용했는지 알 수 없다.

다시 생각해보면 그 외에도 많은 것들이 있었다.

지금의 회사를 차릴 때도 정말 많은 사람들에게 신세를 졌다. 사람에게 상처를 준 적도 많다.

앞으로 나는 일을 통해서 사회공헌을 하고 싶다. 사람을 위한 일을 하고 싶다. 그렇다고 지금까지 내가 저지른 일들이 모두 사라지는 것은 아니다.

앞으로 어떤 좋은 일을 해도 잘못이 상쇄되어 해소되지는 않는다. 사라지지 않기 때문에 사람들을 위한 일을 계속 하고 싶다.

사람을 위해 할 수 있는 일을 향해 나아가면서도 한편으로는 나 자신이 저지른 잘못을 잊지 말자. 오만해지지 않기 위하여, 그리고 겸허함을 통해서 타인을 위해 행동할 수 있는 내가 되기 위해서.

 **오늘부터 실천할 수 있는 의욕의 씨앗 뿌리기**
식사 전 마음속 깊이 '잘 먹겠습니다'라고 말한다. 〈15초〉

EPILOGUE

어떤 새로운 일을 시작하고 싶다.

나의 이런 부분을 고치고 싶다.

이런 습관을 가지고 싶다.

많은 사람들이 일상 생활 속에서 불현듯 이런 생각을 한다. 그렇지만 이러한 말 뒤에는 반드시 "그렇지만……"이라는 말이 따라붙는 것도 사실이다.

그렇지만—시간이 없다. 돈이 없다. 상담할 상대가 없다. 장애가 될 것 같은 조건들을 떠올리고는 "그러니 역시 힘들겠어"라고 뒷걸음친다.

나는 3년 전에 '선언문을 소리 내 읽는' 방법으로 술을 완전히 끊었다. 나는 술이 좋았다. 그래서 매일 잠자리에 들기 전에 술을 마시는 습관까지 가지게 되었다. 건강을 위해 금주를 결심한 뒤 술을 멀리했지만, 날로 강해지는 술의 유혹에 점차 주눅이 들고 공포마저 느껴졌다.

딱 한 잔이라면 마셔도 되지 않을까. 하지만 한 잔이 두 잔을 부르고 세 잔 마시게 될 것 같다. 그렇게 다시 본래의 음주습관으로 돌아가 버리면 지금까지 참고 견뎌온 노력이 수포로 돌아가고 만다.

담배를 끊을 때도 마찬가지였다. 딱 한 개비라면 피워도 되지 않을까. 하지만 한 개비가 두 개비가 되고, 다시 세 개비가 될 것 같았다. '처음' 한 개비를 용납하면 순식간에 다섯 개비, 열 개비……로 늘어난다.

'0→1'이 되면 급속도로 '1→5→10→100'으로 진행된다. 그렇기 때문에 처음의 '0→1'을 철저히 차단하도록 습관을 바꿀 때가 가장 중요하다. '0→1'의 구조는

'무언가를 새롭게 시작할 때'도 작용하는 습성이다.

일찍 일어나고 싶다. 영어공부를 시작하고 싶다. 업무를 효율적으로 개선하고 싶다. 이때 우선 그 습관의 '0→1'의 연결에 집중한다.

한 번 경로가 이어지면 선순환이 형성되어 좋은 방향으로 흘러가기 시작하고, 자동적으로 최종 목표까지 달성한다.

이때 '1'을 어디에 설정하는가는 당신 하기 나름이다. 자신의 현재 상태, 목표의 수준에 맞춰 자유롭게 설정해도 상관없다. 단지 반드시 실행할 수 있는 수준의 것이어야 한다.

중요한 것은 일단 현재 '0'의 상태에서 '1의 행동'을 일으키는 것이다. 이 책에서는 '아침에 목표를 소리 내 읽기'나 'One Book, Three Points, One Action', '굿모닝 메일'과 같은 작은 변화나 도전에 대하여 소개하였는데 그것을 참고로 행동해보는 것도 좋다.

당신의 인생을 좋은 방향으로 이끌어주는 계기는 내일 아침의 '1분'에 있다.

아침에 일어나서 '1분'을 바꾸면 그날 하루가 달라진다. 오늘 하루가 달라지면 일주일이 달라진다. 일주일이 달라지면 한 달, 1년, 5년······.

이러한 시간이 변한다. 인생을 바꾸기 위한 첫 '0→1'의 경로는 아침 '1분'에 당신이 일으킨 작은 행동으로 이어진다.

이 책을 집어든 것이 이미 '작은 행동'이 되었다면 내게 있어 더할 나위 없는 기쁨이다.

마지막까지 읽어주신 여러분께 진심으로 감사하다는 말을 하고 싶다. 당신이 바라는 인생을 향하여 지금부터 선순환의 사이클이 돌기를 마음으로부터 믿고 응원한다.

그리고 늘 성실하게 일해주시는 썬마크 출판 편집부의 히라사와 다쿠 씨를 비롯하여 하시구치 하나에 씨, 다카하시 도모히로 편집장, 영업부에 계신 모든 분들, 구성에 협력해주신 야마다 유카 씨, 이 책의 제작부터 독자 여러분의 손에 전해지기까지 그 과정에 일해주신 모든 분들, 많은 애정을 쏟아주신 부모님, 늘 힘이 되어준 아내와 회사 직원, 무기하라 다로 은사님 및 함께 일한 동료들, 믿고 따라와 준 수험생 여러분, 신세진 모든 여러분, 친해하는 교우들, 그리고 지금까지 만난 모든 사람들에게 마음 깊이 감사의 뜻을 전한다.

2009년 9월 미야케 히로유키

오늘부터 실천할 수 있는
의욕의 씨앗 뿌리기 행동 리스트

이 책에서 소개한 '씨앗 뿌리기' 행동 리스트이다. 실제로 해보고자 하는 항목에 ○를, 실행에 옮겼다면 ●으로 그려 넣는다. 세 가지라도 좋고, 단 한 가지를 실행에 옮겼어도 충분하다.

제1장 매일 아침의 작은 변화가 하루를 바꾼다

1. 아침 8가지 질문이 적힌 종이를 화장실에 붙인다.〈1분〉 | ( )
2. 목표를 아침저녁 소리 내 읽는다.〈1분〉 | ( )
3. 우선 지금 당장 1분 동안 책상 앞에 앉아본다.〈1분〉 | ( )
4. 오늘(내일)은 평소와 다른 길로 출근한다.〈0분〉 | ( )
5. 마감이 딱히 정해지지 않은 중요한 일은 5분간 대시한다.〈5분〉 | ( )
6. 화제에 올랐던 책이나 영화를 사거나 빌린다.〈1분~〉 | ( )
7. 목표는 긍정적인 표현으로 이야기한다.〈1분〉 | ( )
8. 텔레비전 콘센트를 뽑는다.〈30초〉 | ( )

제2장 매일 조금씩 나아지기 위해 작은 모험에 도전한다

9. One Book, One Action을 실천하기 위해 바로 이 페이지의 책장을 접어둔다.〈5초〉| (   )

10. 먼저, 오늘 물건 하나를 버린다.〈1분〉| (   )

11. 불가능해 보이는 일이라도 일단 뛰어든다.〈5초〉| (   )

12. '어떤 모습의 자신이 좋은가'를 기준으로 식사 메뉴를 선택한다.〈1분〉| (   )

13. 인터넷으로 '세계 평균수명'을 검색해본다.〈1분〉| (   )

14. 회사의 책상 서랍에 통장과 여권을 넣어둔다.〈1분〉| (   )

15. 친구들에게 모임을 알리는 메일을 보낸다.〈5분〉| (   )

16. 모임 장소를 찾기 전에 모임을 알리는 메일을 보낸다.〈5분〉| (   )

17. 공포심을 느끼면 그러한 감정에 감사한다.〈1분〉| (   )

18. '두렵다'는 생각이 들면 그 뒤에 숨어 있는 두근거림을 느껴본다.〈1분〉| (   )

19. 일하고 싶은 회사의 주소를 홈페이지에서 알아본다.〈1분〉| (   )

제3장 성장의 꽃을 피우는 좋은 모습으로 살아가고 있는가

20. 평소보다 1시간 일찍 출근하여 1시간 일찍 퇴근한다.〈0분〉
| ( )

21. '내일 아침 ○시에 굿모닝 메일을 보내지 않으면 벌금을 내겠다'고 선언하는 메일을 친구에게 보낸다.〈1분〉 | ( )

22. 목표에 다다르기 위해서 '매일매일 반드시 하는 일' 한 가지를 생각해놓는다.〈3분〉 | ( )

23. 점심시간에 공부한다.〈5분~〉 | ( )

24. 다짐에는 사전에 엄밀하게 '예외'를 마련해놓는다.〈1분〉
| ( )

25. 그 목표를 달성하기 위한 행동 규칙을 한 가지 생각한다.〈3분〉
| ( )

26. 마음에 드는 장소 한 곳을 정한다.〈1분~〉 | ( )

27. 스톱워치를 사러 간다.〈5분〉 | ( )

28. 하고 싶은 일과 관련 있는 학원을 인터넷으로 알아본다.〈5분〉
| ( )

29. 내일 일정을 최대한 깔끔하게 적어본다.〈1분〉 | ( )

30. 오늘 '1분 더' 노력해본다.〈1분〉 | ( )

31. 자신을 응원하는 세 사람의 이름을 말해본다.〈1분〉
| ( )

제4장 쓰는 습관으로 성장을 발견하고 인생을 탐구하자

32. 일기를 쓰기 위해 노트를 구입한다.〈5분〉| (   )

33. 직장일기를 쓰기 위하여 루스리프를 구입한다.〈5분〉| (   )

34. 지금 안고 있는 문제를 1분 동안 열거하고 구조화한 다음에 목표를 찾는다.〈2분〉| (   )

35. 좋아하지만 몸에 나쁜 '것'을 단 하루 동안만 중단해보자.〈0분〉| (   )

36. 무언가를 '끊는다'는 주제로 선언문을 쓴다.〈15분〉| (   )

37. 그만두면 인생에 득이 되는 습관을 1분간 적어본다.〈1분〉| (   )

38. 과거에 내가 쓴 일기를 다시 본다.〈5분~〉| (   )

39. 잘못한 일을 철저히 반성한 뒤 '그래도 이만하길 다행이다'라 중얼거린다.〈10분〉| (   )

40. 식사 전 15초간 마음속 깊이 '잘 먹겠습니다'라고 말한다.〈15초〉| (   )

지은이 _ **미야케 히로유키** 三宅裕之

현 시너지플러스 주식회사 대표이사.
와세다 대학 상학부를 졸업한 뒤 베네세 코포레이션을 거쳐 주식회사 제팬 비즈니스라보 대표이사로 취임했다.
학생과 사회인을 대상으로 한 커리어 디자인 스쿨 및 영어학습 코칭스쿨의 대표를 역임한 뒤 TOEIC 점수향상 코칭스쿨을 설립했다.
2004년부터 미국 콜롬비아 대학 교육대학원을 거쳐 다문화 언어교육을 연구하면서 북중미 일대에서 최면요법, 신경언어 프로그램 NLP을 배웠다.
2006년 시너지플러스 주식회사를 설립해 영어회화 스쿨, 통신교육, 영어습득 세미나, NLP 세미나를 전개하고 있다.
지금까지 지도해온 수험생·일반인은 3천 명이 넘는다.
가속학습, NLP 등의 심리학을 비롯 마크로비오틱을 근간으로 한 코칭이나 영어학습지도는 뇌·마음·몸을 최고 상태로 높여 학습하는 방법으로 인정받고 있다.
저서로는 《언제나 의욕적인 영어공부법》, 《절대내정 면접승리학》, 《절대내정 이력서학》 등이 있다.

옮긴이 _박재현

1971년 서울에서 태어났다.
상명대 일어일문학과를 졸업하고 일본으로 건너가 일본 외국어전문학교 일한 통·번역학과를 졸업했다.
이후 일본도서 저작권 에이전트로 일했으며, 현재는 출판기획 및 전문 번역가로 활동 중이다.
역서로는 《머리 청소 마음 청소》, 《공부의 판을 바꿔라》, 《아침 30분》, 《씽킹 프로세스》, 《출세의 공식》, 《업무뇌》, 《하루 시간 사고법》, 《선을 넘지 마라》, 《니체의 말》, 《불안한 원숭이는 왜 물건을 사지 않는가》, 《마인드 핵 공부법》, 《하루에 한 번 마음 돌아보기》 등이 있다.

인생이 달라지는 매일 아침 1분 습관

1판 1쇄 찍은날 | 2013. 2. 20
1판 1쇄 펴낸날 | 2013. 2. 25

지은이 | 미야케 히로유키
옮긴이 | 박재현

발행처 | 삼지사
발행인 | 이재명
디자인 | 글빛는 다락방

등록번호 | 제 406-2011-000021호
주소 | 경기도 파주시 산남동 316번지

대표전화 | 031-948-4502, 070-4273-4562
팩 스 | 031-948-4508

홈페이지 | www.samjisa.com
ISBN | 978-89-7358-472-7   13320

잘못된 책은 구입하신 서점에서 교환해 드립니다.